从考古看中国

全国哲学社会科学工作办公室 编

中华书局

图书在版编目（CIP）数据

从考古看中国/全国哲学社会科学工作办公室编. —北京：中华书局，2022.4（2023.4 重印）
ISBN 978-7-101-15681-2

Ⅰ.从… Ⅱ.全… Ⅲ.考古学史-中国-通俗读物
Ⅳ. K87-09

中国版本图书馆 CIP 数据核字（2022）第 051832 号

书　　名	从考古看中国
编　　者	全国哲学社会科学工作办公室
责任编辑	罗华彤　白爱虎
责任印制	管　斌
出版发行	中华书局
	（北京市丰台区太平桥西里 38 号　100073）
	http://www.zhbc.com.cn
	E-mail:zhbc@zhbc.com.cn
印　　刷	北京盛通印刷股份有限公司
版　　次	2022 年 4 月第 1 版
	2023 年 4 月第 5 次印刷
规　　格	开本/710×1000 毫米　1/16
	印张 19¼　字数 280 千字
印　　数	23001-43000 册
国际书号	ISBN 978-7-101-15681-2
定　　价	98.00 元

目录

多元一体篇

史料传承篇

百年考古成就斐然 中华文明辉煌灿烂
（代序）

王　巍

1921年河南渑池仰韶遗址的发掘，正式揭开了中国现代考古学的大幕。从仰韶遗址的科学发掘起步，中国现代考古学已走过百年历程。几代考古人始终秉承严谨求实的科学精神，筚路蓝缕，艰辛探索，薪火相传，取得了一系列重大成果，展示了中华文明起源和发展的历史脉络，展示了中华文明的灿烂成就，展示了中华文明对世界文明的重大贡献。现将百年考古成果及其所揭示的中华文明起源发展脉络和辉煌成就择要叙述如下。

探索中华大地人类起源，科学回答了"我从哪里来"

1.考古发现证实距今200万年前的中华大地已有古人类生活。陕西蓝田上陈古人类遗址的古地磁测年为210万年到130万年前，著名的蓝田遗址最新的测年数据为距今163万年前。河北阳原马圈沟遗址测年为距今160万年，其下文化层的年代可到178万年至180万年前。云南元谋人距今170万年。上述旧石器时代早期的发现证明，中华大地出现人类的年代确实可以早到距今180万年乃至200万年前，中华大地是世界上早期古人类活动的重要地区之一。

2.展示了距今50万年前古人类生活场景。北京周口店龙骨山古人类居住遗迹、制作石器、食用动物，已形成一套成熟的以石片制作石器的工艺传统。特别是周口店人的用火遗迹，展示出距今50万年前后的人类已经学会了用火，这是古人类具有重大意义的进步。

3.基于考古材料探讨东亚地区现代人的起源。近年来，考古工作者对河南荥阳织机洞、老奶奶庙等多个距今6万—3万年的遗址进行发掘，获得了丰富的人类活动遗迹和遗物，弥补了这一时期遗址发掘成果较为缺乏的薄弱环节。结果显示，这一时段，中国北方和南方地区都有古人类生活。特别值得一提的是，他们的石器制作技术和生活行为等方面仍然沿袭了本土自北京猿人时期已经形成的以石片石器为主的文化传统。与此同时，在新疆通天洞、宁夏水洞沟、郑州西施等少数遗址发现了以欧亚草原流行的独特工艺技术制作的石器，表明有少量外来的人群进入了中国西北地区，但他们并未取代原有的人群及其文化传统。体质人类学的研究也表明，距今4.5万年前后东亚地区的现代人中，有铲形门齿的占比高达80%以上，沿袭了蓝田人和北京猿人已经形成的特点，而非洲的古人类中，铲形门齿占比还不到10%。这表明所谓的非洲中东部的智人是现代人共同祖先的"夏娃理论"是站不住脚的。在中华大地上，丰富的考古材料无不显示，以元谋猿人、蓝田猿人和北京猿人为代表的古人类，实为现代中国人的祖先。

追溯中华文明的起源与发展历程

一百年来，中国考古人在探索中华文明起源及发展过程、多民族统一国家的形成和发展、中华文明的世界贡献等方面，取得了显著成就。而其中，中华文明起源与发展不仅是最重要的研究内容，也是几代考古人孜孜以求的重大使命。在一代又一代的考古人勤奋耕耘、潜心研究下，一幅中华文明起源与发展的清晰轮廓展现出来。

1.揭示了各区域文明的形成过程和中华文化基因的孕育。 通过对黄河流域、长江流域和西辽河流域等地的主要遗址的考古发掘，结合多学科综合研究的成果，表明从距今6000年左右开始，在黄河上中下游、长江上中下游和西辽河流域等地区，在农业发展的基础上，精神生活日益丰富，随着剩余财富的出现，各地区相继开始出现社会分化。距今5300年前后，黄河中下游、长江中下游和辽河流域等区域最初的文明（古国文明）相继形成。

在河南中部，涌现出多个面积50万—100多万平方米的大型聚落，其中以巩义双槐树遗址面积最大，其现存面积达117万平方米。与此同时，在甘肃中部的秦安大地湾遗址也出现了100多万平方米的大型聚落，遗址中部有一座面积达420多平方米的高等级建筑，以中轴线贯穿，前后两座主体建筑，东西两侧厢房对称，左中右三门格局，开创中国古代宫殿布局的先河。双槐树遗址与大地湾遗址一东一西，可能分别是河南中部和陕北陇东地区两大"古国"的都邑，上百万平方米的巨型聚落中大规模高等级建筑所表现出的悬殊的社会分化已初具文明社会样貌。长江下游的安徽含山凌家滩遗址发现了面积达100多万平方米的大型聚落，分为祭祀区、居住区、墓葬区。一座大墓中有300多件随葬品，其中有玉龙、玉龟、玉鸟和玉人等，以及几十件玉石钺。在辽宁西部的牛河梁遗址群，发现面积达上万平方米的石块砌筑的大型平台。附近发现一座形状奇特的建筑，里面出土有泥塑的女人像和龙、熊、猛禽的塑像，附近的一些山头上分布着石砌的圆形祭坛和方形的大型石砌墓葬，墓内随葬玉龙、玉鸟、玉龟、玉人、玉璧等玉器。两地的权贵墓葬都随葬玉器，且玉器的种类非常相似，甚至玉人手臂并拢举于胸前的姿势也完全相同，这当非偶然，说明当时在社会上层存在一个相互作用圈。这一情况表明，在距今5000多年前，中华大地各个区域文明之间曾发生过直接或间接的联系，在龙的信仰、以玉为贵等理念方面形成了共性。这些共性正是后来中华文化的重要基因，说明在距今5000多年前，在中国已经出现了多元一体的中华文化的雏形。

2. 揭示了各地文明化进程模式的差异。由于不同的自然环境和生业基础，距今5000年前中华大地上的各个区域发展形成各具特色的初期文明。如长江中下游地区的史前文化以稻作农业为基础，家畜主要是猪。从出土各种与祭祀有关的玉器和陶制品来看，该地区原始宗教色彩浓厚。黄河流域和辽河流域的史前文化则主要种植粟和黍，黄河中下游地区还种植少量的稻和麦，饲养猪以及牛和羊。与此同时，各个区域的文明保持着较为密切的联系，逐渐形成了后来成为中华文明核心基因的共性因素。如从距今9000年前在黑龙江饶河小南山遗址中发现目前年代最早的玉镯、玉耳环和玉坠等装饰品起，到距今8000年的以玉为美和距今5500年到4500年的以玉为贵，再到夏商周时期的以玉藏礼，最后到汉代的以玉为瑞的观念；不晚于距今6000年前发源于中原地区的龙的信仰；以祖先崇拜作为主要的信仰对象；天人合一的思想、礼仪制度、和合思想、以民为本思想等。在距今4300年前后，由于环境变化和社会内部变化等原因，长江上中下游、黄河上游和下游、辽河流域等曾盛极一时的区域文明相继发生衰变，而中原地区则呈现出一股持续发展、快速崛起的态势。

同样是距今5000多年前的区域文明，黄河中游地区的大型墓葬中随葬品很少，且极少见玉器，没有显示出浓厚的原始宗教色彩，没有把大量的人力物力用于制造奢华的玉器、依靠对神的祭祀权的垄断来显示和维持自己的权威，这里的人们比较世俗，比较务实，注重发展生产，注重通过礼制维持集团内部等级秩序，并通过结盟等形式不断壮大力量，形成了独具特色的中原地区文明起源道路。中原粟黍稻麦豆五谷种植体系的齐全，在抵御自然灾害方面的能力也强于其他地区，有可能还在一定范围内治理了水患，中原地区因此得以持续发展，加之对周边地区先进文化的广泛吸收，从而使得以中原地区为中心的历史格局也因此开始孕育。

而山东泰安大汶口遗址和章丘城子崖遗址代表了海岱地区文明化进程的关键节点。在黄河下游的海岱地区，在距今5000年前后，呈现出文明化进程加速的情形。大汶口遗址的墓葬出现了明显的贫富分化。进入距今4300年左右的龙山时代，社会分化愈加严重。陶制酒器、木质棺椁等发源于海岱地区的文化因素被中原地区所吸收。

距今4300年左右，长江流域的良渚文明由于海平面上升导致地下水位上升，原来由低湿地沼泽开垦出来的大量稻田因此再次沦为沼泽，农业遭受毁灭性打击。与之相对应的是，黄河中游地区的文明化进程却进一步发展。在晋南地区，出现了面积达280万平方米的陶寺遗址，城内兴建了最早的宫城。在城南部发现观测天象、决定时令节气的观象台。在城内的公共墓地内，大型墓葬位于其中一个区域，墓中随葬品达上百件，同时发现了反映墓主王者身份的鼍鼓、石磬、龙盘和象征军事权力的玉石钺；而大量普通社会成员的墓圹则不仅狭小，而且往往没有随葬品。可以看出当时贫富贵贱分化非常悬殊，形成了集军事权与社会管理权于一身的王者及地位显赫的家族，出现了早期国家，进入到邦国文明社会。陶寺城址的地理位置和时代同古史传说中尧的分布范围和年代恰相吻合，极有可能是尧的都城——平阳。

3.展现了中华文明起源与发展的脉络——早期中国的形成与发展。 在安徽蚌埠禹会村遗址，发现了由一个方台、一排旗杆、陶器组成的宴饮场所，这很可能是禹会诸侯与涂山盟誓的场所。正是因为中原地区的势力集团采用了广结盟友、壮大力量的策略，其力量不断发展壮大。夏王朝建立后，形成了都城布局、宫室格局、青铜礼器、玉石礼器和陶礼器等一整套规制，其中很多内容被后来的商、周乃至其后历代王朝承袭和发展。夏王朝后期，礼仪玉器之一的牙璋向周围广大地区强烈辐射，东达黄河下游的海岱地区、西至黄河上游的甘青地区、北抵黄河中游的河套地区、南到华南地区，甚至越南北部都出土了中原王朝创造的牙璋，形成了一个前所未有的以中原王朝为中心的中华文化影响圈。商王朝时期，承袭了夏王朝的礼仪制度、青铜容器工艺技术与理念，形成了一整套的青铜和玉石礼器。商王朝与周围广大地区的方国保持时远时近的关系，其礼乐制度和冶金、铸造技术向周围地区广泛传播，产生了广汉三星堆等独具特色又与商王朝保持密切联系的方国文明。西周王朝建立后，通过分封制将周王至亲和重臣分封各地，建立诸侯国，成为拱卫西周王朝的屏障，有效巩固了中原王朝对全国的统治。

综上所述，百年中国考古学，特别是中华文明探源工程的实施，把中华文明的产生时间提前到距今5000多年，将"中华文明五千年"从传说论证为可信的历史。考古学人追溯了中华文明起源与发展的过程、揭示了中华文明的丰富内涵，展现了各地区文明起源、发展的历史场景，为增强中华民族的文化自信提供了资料和证据。

展现中华史前文化的辉煌

1.考古证实中国史前的彩陶文化为本土起源。通过百年来中国考古学家的发掘和研究，大量的实物资料和研究成果证明，距今1万年以来的中国黄河、长江和辽河流域的史前文化都是本地区土生土长的，具有清晰的自身发展脉络。在湖南道县玉蟾岩、江西万年仙人洞、广西桂林甑皮岩等遗址，均出土了距今约1.3万年前的陶器，这表明此时中华大地的先民已掌握制陶技术，并比被认为是文明发生最早的西亚地区早4000多年。中国境内彩陶出现的时间可以早到距今9000年前，黄河流域彩陶出现的时间也早到7000年前，早于欧亚大陆彩陶出现的年代。这一考古发现使"中国史前文化西来说"不攻自破。

2.展示中华史前先民的发明创造。考古材料表明，中华史前先民的发明创造很多。这里仅选择跟生产、生活密切相关者，简要叙述一些，以见一斑。

考古发现表明，稻、粟、黍的栽培都以史前中国为最早，是中华先民对人类文明做出的卓越贡献。距今5000年前后，这几种农作物的栽培技术向东亚（朝鲜半岛和日本列岛）、西亚和东南亚等地区传播，对这些地区人类生活和社会发展发挥了关键作用。距今5500年前后在长江下游地区崧泽文化晚期遗址中，出现了装在木制犁具上的石犁头。良渚文化遗址中，石犁的出土数量显著增多，并在稻田中发现牛的脚印，这表明牛拉犁的耕作方式已在长江下游普及。

在河南舞阳贾湖遗址出土了猪的遗骸，经过动物考古学家的分析，被认定是9000年前被驯养的家猪，这是目前世界上最早的家猪。专家们还对贾湖遗址和浙江上山遗址出土的陶器中的残留物成分进行分析，都发现了以大米为主要原料、以山楂和蜂蜜为辅料造的酒，这是世界上最早的酒，时间在距今八九千年前。在贾湖遗址中，出土了8000多年前的麻织物残片。

在浙江杭州萧山跨湖桥遗址出土了距今约8000年前的独木舟，长度近8米，说明当时已经具备远离岸边的水上航行能力。

近年，在新疆尼勒克县吉仁台沟口遗址距今约3500年前后的村落居住区发现了制作铜器遗留下来的煤块和煤渣。这是世界上迄今所见年代最早的以煤作燃料的发现，把我国用煤历史从汉代提前了近1500年。

大约距今5000年前，冶金术从西亚传入我国西北地区。大约距今4500年左右传入黄河中游地区后，技术取得了显著进步。在山西陶寺遗址出土了距今4000多年，迄今我国境内发现最早的铜铃和铜容器残片，说明当时已经掌握了用内范和外范来铸造铜器的技术，为夏商周时期青铜铸造技术的发达奠定了基础。

3.观测天象，认识自然——史前先民先进的宇宙观。在浙江乌镇桥头遗址，涂红色陶衣的陶器表面发现了用白色绘出的太阳纹图案，表明上山文化晚期的先民已经产生了对太阳的崇拜。在河南濮阳西水坡遗址仰韶文化早期（距今6000多年）的一座墓葬中，发现墓主人的身体东西两侧用贝壳堆塑出龙和虎的形象。这是迄今所见最早的龙的形象，与战国到汉代流行的东青龙、西白虎的方位完全吻合，这说明中国古代的很多信仰可能具有久远的史前渊源。在距今约5300年前的河南巩义双槐树和荥阳青台遗址，出土了多件表面绘有八角星彩色图案的陶罐，还发现了把多件陶罐按照北斗星的形状埋在地面的现象，表明当时中原人们已经对日月星辰的运行以及所表示的农事季节有所了解。在距今5500—5000年的牛河梁遗址祭祀遗址群，发现了呈三重圆形的祭坛，为古代圜丘的起源提供了线索。在山西陶寺遗址发现了疑似以太阳光照射的位置判断农事节气的观象台，经过有关专家模拟观测和研究，证明这个遗迹确实可以通过观测太阳从东侧的塔儿山升起时阳光照射进来的角度判断春分、秋分、夏至、冬至等重要农事节气的到来，从而证明早在距今4200年前，黄河中游地区的人们就已经掌握了农事节气，印证了《尚书》记载的尧"观象授时"的记载。

4.进入历史时期后中华文明的发明创造。铜器制作技术的进步。在夏代后期都城二里头遗址，宫城附近发现官营的青铜器作坊，贵族墓中出土爵、斝、盉、鼎等精致的青铜礼器，说明工匠已经较熟练地掌握了这些青铜容器的铸造技术。商代晚期，青铜铸造技术趋于完善，可以制造出重达800多公斤的大鼎。商王武丁妻子妇好的墓葬中，随葬青铜器达400多件，反映出商王朝工匠具有的高超技艺。三星堆出土的大型铜人像高达2.6米，神树高达3.5米，反映出古蜀文明接受了商王朝冶金术之后实现了自身的发展与创新。春秋战国时期，青铜容器的制作技术达到了高峰，造型、铸造、镶嵌等工艺达到炉火纯青的程度。

冶铁术的引入和创新。冶铁术是大约在距今3000多年前从西亚传入我国的。河北藁城台西遗址出土了商代中期的铁刃铜钺，表明我国商代先民已经了解了陨铁的性质。此后冶铁术不断进步，至春秋战国时期，以吴王夫差剑和越王勾践剑为代表，钢铁热处理工艺达到了高峰。汉代以后，冶铁业大发展，冶铁技术也显著进步，发明了炒钢、灌钢等金属热处理工艺技术，促进了汉代以后生产力的发展，这些工艺技术比欧洲早了上千年，在当时的世界范围内遥遥领先。

精湛的漆器制作技术。距今8000年前已经出现于长江下游地区的漆器制作技术在春秋战国到西汉时期达到了顶峰。战国到汉代的漆器以曾侯乙墓和马王堆汉墓出土漆器为代表，不少漆器表面还有精美的漆绘图案，巧夺天工。

出土医书反映2000多年前中医的发达。20世纪70年代初湖南长沙马王堆汉墓出土的墓主人尸体保存完好，出土时皮肤尚有弹性，反映了当时高超的防腐技术。墓中出土了帛医书10种和200支竹木简医书，均为已失传的医书。四川成都老官山3号汉墓出土920根竹简和50余枚木牍，内容十分丰富，有治疗内科、外科、五官科、皮肤科、妇科的药方，还有医治马匹疾病的兽医医书，被认为极可能是失传的扁鹊医书。墓中出土一件通体髹漆的木人像，身上用红或白色线条描绘出人体经络和穴位，是迄今发现最早最完整的经络穴位的人体医学模型，证明西汉早期中医针灸学已达极高水准，形成了较为完整的人体经脉穴位理论体系。

揭示统一多民族国家的形成与发展过程

夏代后期都城二里头遗址的宫城，位于都城正中，宫城内多座宫殿的格局体现出中轴线、左右对称，前后几进院落的规制。这一规制在距今5000年前的黄河中游地区的中心性遗址已经初见端倪，到了夏王朝后期已经规范化，成为中国历代王朝宫殿格局的雏形。夏王朝创造的以酒器为主的青铜容器，以石磬、鼓和铜钟构成的乐器，以玉戈、玉璋、玉刀、玉钺构成的仪仗用具等表明贵族等级身份的礼器制度，对周边广大地区产生了强烈影响，并为商周王朝所继承。

商王朝的青铜容器制作精美，已成为中国青铜文明的杰出代表，其铜器造型、制作工艺以及体积在世界各地的青铜文明中首屈一指。

通过各种途径，商王朝使各地的方国接受其礼器及铜器制作技术，逐渐处于王国文明的核心地位。江西新干大墓和四川广汉三星堆祭祀坑出土的商王朝系统的青铜礼器，种类和形制方面则与殷墟出土的同类青铜礼器大同小异，反映出商王朝对周边方国的强烈影响。在新干大墓中，许多青铜容器多以虎形作为装饰，应是当地方国的风格。三星堆遗址祭祀坑出土的与商王朝风格接近的铜尊和铜罍，同时又出土的大量铜人像、铜面具、金面具以及大型神树，则不见于殷墟及其他地区，显示出古蜀文明的自身特色，显示出古蜀国浓厚的原始宗教色彩，是多元一体中华文明的重要实证。

西周王朝封邦建国，各地发现的诸侯国都城，以及诸侯墓在规模、棺椁数量和随葬鼎簋等青铜礼器的数量与组合等方面表明，在西周王朝中期已经形成了严格的等级制度。礼制经过夏商王朝的初创之后，到了西周时期日臻成熟，周王朝对各地的统治较之于商王朝大大增强。

秦始皇陵是世界上同时期规模最大的帝王陵墓。以秦始皇兵马俑为代表的400多座附葬坑展现了统一的秦王朝的鼎盛局面。对阿房宫的发掘表明，该宫殿在秦代并未建成，从而纠正了历史文献记载的谬误。在北起东北、南达岭南的广大地区发现的秦代郡县故城、墓葬和驰道等遗迹以及度量衡等遗物，说明秦王朝实现了统一中国的目标。

经过对西汉首都长安城的发掘，揭示出这里是当时世界上规模最大的都城。面积达5平方公里的未央宫内有多座宫殿建筑，堪称当时世界上最为宏大的王室建筑，彰显出西汉王朝的强盛。各地发现的西汉诸侯墓规模宏大，随葬品丰富，尤以出土金缕玉衣和棺椁采用黄肠题凑而闻名遐迩。近年发掘的海昏侯刘贺墓出土金、银、铜、漆等近万件随葬品，仅黄金就达378件，随葬五铢钱200万枚，总重量达10

余吨，是迄今所见出土随葬品最多的汉代高等级墓葬，展现出西汉王朝高度发达的经济和文化水平。各地发现的大量平民墓葬，出土的陶器和墓葬的形制相当一致，表明汉代对各地实行的有效统治。

湖北荆门郭店、湖北云梦睡虎地、山东临沂银雀山、湖南长沙走马楼、江西南昌海昏侯墓等数十地出土的大量竹简木牍为研究战国到汉代的政治、经济、社会、文化等方面的历史提供了极为珍贵的第一手文字资料，填补了传世历史文献记载的许多空白。

山西大同和河南洛阳北魏都城是从大兴安岭起源的拓跋鲜卑族大力吸收汉文化、促进民族融合的历史写照。北魏洛阳城宫城的中轴线上自南向北排列三座大殿的布局和宫城门三出阙的形制为此后各个王朝宫城布局所承袭，一直延续到北京的明清紫禁城。鲜卑融入的过程是统一多民族国家形成发展历程的缩影。

隋王朝虽然只存续了短短的数十年，但大兴城（唐代改长安城）的兴建和大运河的开凿，不仅为历史留下清晰印记，也为唐王朝的兴盛和隋代以后的南北通商奠定了基础。唐长安城是名副其实的当时世界最大的城市。规模宏大的唐长安城、大明宫和唐代陵墓群、隋唐洛阳城的应天门等发掘，充分展现了唐王朝的强盛。新疆吐鲁番阿斯塔那墓地和青海都兰热水墓地等唐王朝控制下的西北地区权贵的重要发现、吉林集安高句丽王城和贵族墓地以及黑龙江宁安渤海上京城，都充分显示出唐王朝的强盛和这一时期统一多民族国家的发展。乾陵边外国使节群的石雕和章怀太子墓的外国使节图以及唐代墓葬中常见的胡人牵驼俑是当时强盛的唐王朝通过丝绸之路积极对外交流的写照。来自各国各地的人士在唐朝做官、经商，唐王朝吸收各地的先进文化为己所用，表现出极大的文化自信和开放包容。

辽、金、元朝的都城和贵族墓葬的发掘中，从都城布局、建筑格局和墓葬制度以及器物上，都能够清楚地看到中原汉文化的影响，反映出这些北方游牧民族建立的王朝大量吸收汉族的政治经济制度和文化，是统一多民族国家形成发展过程的真实写照。

考古文献补充和丰富了历史细节

1899年，王懿荣在"龙骨"中发现有字甲骨，引起罗振玉、刘鹗等金石学家的注意。1900年，敦煌石窟发现储存大量古代写本文书和其他文物的藏经洞。大约在同时，甘肃居延发现汉代简牍。这三项发现，以及"疑古派"打破了此前史学界对古代文献的深信不疑，使中国史学界开始重视地下文物对历史研究的重要意义，为中国考古学诞生奠定了坚实的基础。

百年考古的历程中，出土了各个时期的文字资料。殷墟出土的甲骨文，为我们研究商代晚期的社会生活提供了极为丰富的第一手资料；各地西周时期贵族墓葬出土青铜器上的铭文，为我们提供了了解西周王朝的分封、建洛邑、周王和高级贵族的各种赏赐、战争、土地制度、诉讼等方方面面情况的宝贵信息；河南信阳长台关、湖北荆门郭店、江陵九店和望山、湖北云梦睡虎地、山东临沂银雀山、湖南长沙走马楼、江西南昌海昏侯墓、甘肃居延和敦煌以及"清华简"、"北大简"等大量战国到秦汉时代的简牍，为研究战国到秦汉时期的政治、经济、文化、社会提供了弥足珍贵的资料，是对传世历史文献的重要补充，有些简牍的内容还对传世历史文献的某些篇章内容进行了订正。

改革开放以来，尤其是近20年来考古工作者改变了原来"古不考秦汉以后"的旧观念，加大了对秦汉以后遗址考古工作力度。很多秦汉以后的重要考古发现填补了大量古代文献记载中的空白，丰富了我们对各历史时期政治、经济、文化、社会的认识。

秦汉时期的遗址有秦咸阳城、西汉长安城、汉魏洛阳城，秦始皇陵和几座西汉时期诸侯列侯等高级贵族的墓葬，包括河北满城汉墓、广州南越王墓、长沙马王堆汉墓、江西南昌海昏侯墓、徐州汉楚王陵和北京大葆台汉墓等。重要的是，云梦睡虎地、里耶和银雀山汉墓等地，还出土了大量竹简木牍，有些内容不见于传世的历史文献，是研究秦汉时期历史文化的第一手文字资料。新疆尼雅遗址和楼兰等遗址一样，是西汉王朝开通丝绸之路的重要考古发现。织有"五星出东方利中国"汉字的蜀锦，各种语言的文书和遗物，反映出丝绸之路沿线的诸国与汉晋王朝的密切关系，是研究中西交流的重要资料。

百年中国考古，硕果累累，成就非凡。百年中国考古延伸了历史轴线，增强了历史信度，丰富了历史内涵，活化了历史场景。让我们国人、全世界的炎黄子孙和世界公众得以了解中华文明的悠久历史、灿烂成就和对世界的贡献，从而更加增强民族凝聚力和文化自信，为实现民族伟大复兴的中国梦提供强大精神动力。

（作者系国家社科基金重大项目"中国考古学百年史（1921—2021）"首席专家，中国社会科学院学部委员、中国考古学会理事长、河南大学特聘教授）

多元一体篇

从三星堆到金沙：展现中国上古精神世界的知识图景

霍 巍

三星闪耀，金沙溢彩，举世闻名的三星堆遗址和金沙遗址，如同青铜时代的"双子星座"，共同铸就了中国古史的辉煌篇章。

当三星堆的光芒开始隐退，神秘的古国都城被逐渐废弃，人们不禁要追问：谁是三星堆文明的后继者？那些表达上古精神世界神秘信息的黄金面具、青铜立人像、金杖上的图案符号，大批象牙堆积的祭祀场景，是否可以异地再现？中国文化遗产标志的"太阳神鸟"从何处起飞，其象征意义何在？欲知分晓，请跟随我们走近金沙。

四川广汉三星堆新发现祭祀坑的考古发掘，让世人再次感受到中国考古学在新时代的巨大成就和感染力。与举世闻名的三星堆遗址共享盛名的，还有坐落在今成都市城西的金沙遗址。金沙遗址是三星堆文明的延续与发展，具有许多和三星堆文明相同的文化因素，二者共同形成了中国西南早期青铜文化的基本风貌。三星堆以其谲诡奇异的青铜面具与人像（图1），高大的青铜神树以及黄金制作的面具、金杖等，带给世人以强烈的视觉冲击，刷新了人们有关世界上古文明传统知识图景。金沙遗址除了展现给人们与三星堆相类似的黄金面具，阴刻有鱼、鸟、箭连环图案的金带，大量堆积的象牙等考古场景之外，也以众多新出土文物续写了中华文明丰富多彩的篇章，展现出中国上古精神世界更多的精彩画卷。

图1　三星堆青铜面具

日月同辉：太阳神鸟的象征

现已成为中国文化遗产标志的太阳神鸟金饰，是金沙遗址中最具代表性的器物（图2）。这是一件极富创造力和想象力的文物精品，总体呈圆形，由含金量高达94.2%的金箔片制作，图案分为内外两层，经过精心刻画、切割而成。外层图案由四只等距分布、首尾相接的鸟构成，内层图案则是同样精确划分、等距分布的十二支芒叶，朝着圆心向左旋转。整个图案均衡对称，充满动感，在起伏跳跃的节律中暗含着四方围绕中央、天道左旋、中央向外辐射出十二条光芒的深刻寓意。

人们之所以将其称为"太阳神鸟"，是因为这个圆形的金饰很可能象征着以太阳崇拜为中心的宇宙观。圆形的图案象征太阳，中心

图2　太阳神鸟

向外辐射的十二条旋转的金色光芒线以及最外围首尾相接的四只"神鸟",很自然地让人联想到四季、十二月这样的天象与物宜。这里,还应当提到一个十分重要,但过去往往被人们所忽略的考古现象:在金沙遗址中与这件太阳神鸟同时出土的,还有至少分属于七个个体的蛙形金箔,其中两件造型基本完整,可以观察到其造型呈蛙状,头部较尖,双眼圆鼓,背部中间有脊线,四肢修长,弯曲在身体的两侧,背部有两排麻点状的乳钉纹(图3)。这样的造型让人联想到"月中蟾蜍"。如果将太阳神鸟和月中蟾蜍联系起来思考,《淮南子·精神训》所言"日中有踆乌,而月中有蟾蜍"的记载可谓与之暗合。由于这批金箔原来都是贴附于某个物体的表面,所以有学者曾经推测,如果将金沙出土的这几件文物联系在一起加以复原的话,很可能复原后的构图是圆形的太阳神鸟居于中央,在四周等距离环绕着八个或者更多的蛙形金饰,共同组成一幅日月交相辉映的场景。这个推测不是没有根据的。

蛙形金器线图(C:215)

图3　蛙形金器

商周时期，古代中国思想世界的许多核心知识正在逐渐形成，天圆地方、中心与四方、阴阳变化、四季更替、日月星辰的定位、宇宙的框架模型等古老的天文地理经验，已经开始以不同方式得到表达，出现在考古材料中。如果说三星堆的青铜神树象征着人类远古文明中的宇宙树、太阳树，那么金沙遗址出土的太阳神鸟所蕴含的深意，则与之有着异曲同工之妙。金沙遗址位于号称"天府之国"的成都平原，已经具有高度发达的农业，遗址中不仅出土了石制、木制的农具，还有粟、稻等作物种子。金沙先民对于日出月落、四季更替，尤其是太阳所具有的强大力量有细致观察和深刻体会。他们所创造的代表日月崇拜、阴阳四季等观念的黄金制品，不仅是中华民族对于宇宙世界、天地万物最为朴实而自然的表达，更以其几近完美的艺术赋形，为世界美术史、上古思想史提供了极其珍贵的典范之作。

蕴藏在神秘图案中的"知识密码"

金沙遗址和三星堆有许多共同的文化因素，反映在出土的黄金面具、玉器、象牙、青铜人像、陶器等不同方面。但其中最能够将两者紧密联系起来的，则是刻在黄金器物上的一组神秘图案。

三星堆遗址一号祭祀坑出土了一件黄金杖体，木芯外层包裹着由金条拓展成的金箔。由于出土于具有浓厚祭祀色彩的器物坑中，所以学者们一般将其认定为三星堆遗址中代表权力、威仪、等级等含义的"权杖"，或者称之为"神杖""王杖"。引人注目的是，杖体上端保存着用两组阴线刻成的纹饰图案，图案相同，都是一端为并列的三个头戴宝冠、耳佩大环的人头像，另一端有两组相同的纹饰，各由一支箭、一只鸟、一条鱼组成，其中的神秘含义令人寻味。

　　无独有偶，在金沙遗址中，也出土了一件被称为"金冠带"的金器，呈圆环形，出土时断裂为长条形，直径上大下小。这条金带的表面也錾刻着四组相同的图案，其基本构图特点也是一支箭、一只鸟、一条鱼和一个类似人面孔的圆形纹饰，和三星堆一号祭祀坑出土金杖上的图案几乎完全相同（图4）。

　　目前还无法解释这两组神秘图案的意义。但是，无论将其视为象征不同族群的"图腾"或"族徽"，还是视为传递某种神秘寓意的符号，两件黄金器物上的纹样相似度如此之高，足以表明这是来自三星堆和金沙最高等级人群之间的某种原始信息。两处遗址有着共同的文明传承，很可能也有着共同的表达权力的象征：一是黄金权杖，一是黄金冠带，然后由一组相同的图案将其联系在一起。图案中的鱼和鸟由一支箭串联起来，箭杆从鸟的身躯旁边掠过，箭头则射进了鱼的身体内，让人不禁联想到这是否是三星堆和金沙的先民在用符号进行思想表述、记录和传承？

金带线图

图4　金冠带及纹饰

迄今为止，无论是在三星堆还是金沙，都没有发现文字，对于具有高度发展水平的古蜀青铜文明而言，这无疑是令人费解的。但是这组錾刻在黄金器物上的神秘图案，或许能够透露出古蜀文明中某些已经消逝的"知识密码"。汉晋时代有关古蜀的文献典籍中，曾记载古蜀国王的传承系统为"蜀之先称王者有蚕丛、柏灌、鱼凫、开明"，称"蜀王之先名蚕丛，后代名曰柏灌，后者名鱼凫。此三代各数百岁，皆神化不死，其民亦颇随王化去"（《蜀王本纪》）。这些具有神秘力量的图案如鱼、鸟、箭等，或许都和历史传说中古蜀的王系、世系之间有着或多或少的联系。它们同时出现在三星堆和金沙具有特殊价值与意义的黄金器物上，究竟是暗示着权力的交替更革，还是意味着文明的传承不止？虽然我们今天还暂时无法破译它们的意义，但上古先民运用神秘符号来表达某种知识、思想的能力已经彰显无遗。

"绝地天通"：神圣的祭祀场所

金沙遗址内有专门的祭祀区，位于遗址的东部，总面积约15000平方米，沿着古河道的南岸分布。可以由此推测金沙人最初的祭祀活动是在河岸边举行的，祭祀仪式完成之后再将祭品掩埋在河滩中。

和一般的生活遗址不同，金沙祭祀区内出土的器物绝大部分都不是实用品，而是具有象征意义的祭器或者礼器。从商周时期中原卜辞中所反映的祭祀活动来看，有燔燎、沉埋等不同祭法，有的是焚烧祭品、烟气上升，使天上的神灵得以享用；有的是在土中埋藏祭品和牺牲，向天上和地下的祖先、神灵贡纳输诚。考古发现表明，三星堆和金沙有着与中原商周祭祀相同的做法，但又独具个性和特点。

金沙的祭祀活动有几个值得注意的现象：其一，祭品大量使用

图5　石蛇

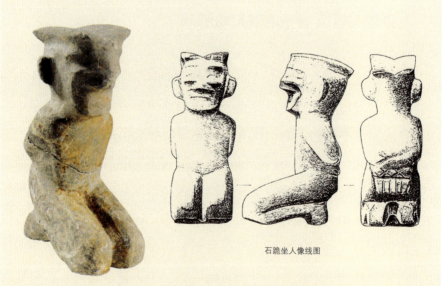

石跪坐人像线图

图6　跪坐石人像

动物的角、牙等部位。和三星堆祭祀坑一样，金沙祭祀区内也出土了大量象牙，其中最长的一根达1.85米，是迄今为止考古发现的最大象牙。除了以玉器、铜器、石器等作为祭品之外，金沙遗址中还出土了野猪獠牙、鹿角、麂角等动物骨殖，它们应为祭祀时的"牺牲"，尤其是野猪的獠牙数量多达数千枚。但并没有发现上述这些动物其他部位的骨头，这表明祭祀用品是经过精心选择的，可能具有特殊含义。其二，祭品中有专门制作的石虎、石蛇（图5）、石龟等动物形象，五官处多用朱砂涂红。与之共同出土的还有双手反绑在后的跪坐石人像（图6），有的石人像五官也同样涂以朱砂，表明其身份和这些石制动物一样，应是作为祭祀的"人牲"。他们极有可能是战争俘虏或奴隶，这也折射出金沙时期社会所发生的变化。其三，祭祀礼仪和程序逐渐形成。金沙遗址的祭祀活动经历了500年左右，从公元前1200年前后的商代晚期，一直延续到公元前770—前476年的春秋时期，随着政治中心的转移，金沙人的祭祀圣地才日渐荒芜。在这段漫长的岁月中，金沙的祭礼活动大体上可分为三个阶段：第一个阶段约为商代晚期，主要流行以象牙、石器作为祭品；第二个阶段约从商代晚期到西周中期，大量使用玉器、铜器作为祭品，象牙也仍然使用；第三个阶段约为西周时期至春秋时期，前一阶段流行的铜器、玉器和象牙等祭品数量骤减，而大量使用野猪獠牙、鹿角、麂角等动物骨殖，以及美石、陶器等作为祭品。

　　虽同为祭祀，但金沙的祭祀区明显有别于三星堆的祭祀坑。金沙遗址在祭祀对象、祭器使用、祭祀场所等方面都和三星堆有所不同，并且没有出现三星堆祭祀坑中最具标志性特点的青铜头像、面具、大型立人像、大型青铜神树等重器。虽然金沙遗址中也出土了与三星堆祭祀坑造型相同的黄金面具（图7）、青铜小人像等，但是体量和

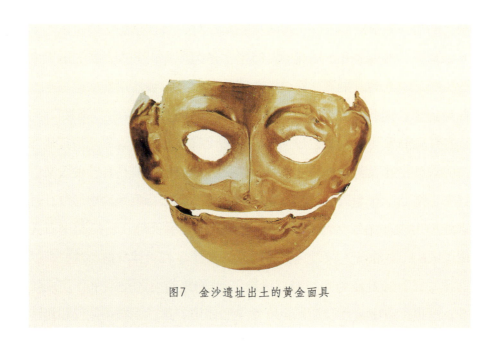

图7　金沙遗址出土的黄金面具

规模都远不如三星堆。这究竟意味着金沙时期总体国力的消退、祭祀资源的匮乏，还是两者本身就是在不同场景下开展的不同性质、不同功能、不同方式的祭祀活动？这些都有待开展更为深入的比较研究。但可以肯定的是，在大量使用象牙、金箔神器、玉器祭祀来"沟通神人"这一点上，二者之间是一脉相承的。

重构中国上古精神世界的独特贡献

从三星堆到金沙，许多考古发现都是与祭祀有关的遗物和遗迹，从而提供给世人前所未有的中国上古精神世界的知识图景。为何祭祀在上古中国如此重要而神圣？这涉及中国古代早期文明的基本问题之一，即天人之间、人神之间的交流、沟通与和谐共处。上古人类普遍认为，世界上有某种"神秘力量"存在于自然界和天地人神之间，人类通过某些特定的仪式，能够"通天达地"，或掌握这种神秘力量的法则密码从而得其护佑，或积极利用多种"法术"（也就是巫术）从而趋吉避凶。从新石器时代开始，原始巫术和祭祀活动已见诸考古发现。不少学者指出，良渚文化玉琮上的兽面纹、河南濮阳蚌壳龙虎图案、安徽含山凌家滩玉版图案、辽宁喀左红山文化神庙与神像等，都含有原始巫术与祭祀的寓意，被认为拥有"沟通天地、接引鬼神"的神秘力量。进入中原商周青铜时代，祭祀成为国之大事，甚至形成以

图8　金沙遗址出土的玉琮

青铜礼器为中心的一套礼仪制度并广行于天下。三星堆和金沙所展现给世人的，无疑是这个古老传统的别样表达，它既继承了中国各地自远古时代以来神人混杂、"绝地天通"的宇宙观和神灵观，又以地处中国西南的独特视角和非凡的观察力、创造力，构建出时人对于上古精神世界的理解、想象、运思和表达。

　　当三星堆成为热门考古话题的时候，我们更应当客观、科学地认识三星堆文明的来龙去脉，以更加宽广的眼界去阅读、理解古代文献中的古蜀传承与考古发现中的现实景象。同时不能忽略三星堆旁边的金沙（图8），它们相辅相成、承前启后，互为镜像、寓意深长，共同书写了古蜀文明悠久而辉煌的篇章。

　　（作者系国家社科基金重大项目"四川新出土南朝造像的整理与综合研究"首席专家，四川大学考古文博学院院长、教授）

三星堆：青铜时代的神权文明

段　渝

　　"沉睡三千年，一醒惊天下！"在四川广汉三星堆，三千年前的奇珍异物，一件一件地被考古学家发掘出来，重见天日：金光闪耀的纯金权杖、戴着纯金面罩的青铜人头像、举世罕见的青铜大神树、来自海洋文明的海贝、热带丛林的象牙，震惊了世界。

　　这些极其珍贵而数量巨大的财富，为什么会被埋藏在几个土坑里？三千年前究竟发生了什么？它们隐藏着什么样的秘密？是否昭显出一个不为人知的神秘而又神圣的神权文明？让我们一起走进三星堆，揭示它的秘密吧。

　　三星堆文化是长江上游最早的古代文明，它的初创年代约在中原二里头夏文化的晚期（约公元前2000年），经历了整个殷商时代，直到西周初期（约公元前1000年），经过十二桥文化阶段发展演变到春秋前期（约公元前600年），雄踞中国西南，连续发展1600年之久，这在中国古代史上是不多见的。

　　在三星堆文化宏阔的古城、灿烂的青铜制品群、滥觞的文字、伟大的艺术以及盛大的礼仪中心等物质文明后面，蕴涵着古蜀文明本质性、结构性的制度文明和精神文明特质，即神权政体。

　　三星堆遗址的发掘，尤其是祭祀坑（图1）里大量青铜器的相继出土，揭示出三星堆与古蜀王国的王权与神权之谜。它使我们深刻地认识到，夏商时代的古蜀文明，是一支高度发达的神权文明；夏商时代的古蜀王国，是一个实行神权政治的国家，三星堆遗址便是这个神权文明的政治中心之所在。

图1　三星堆祭祀坑

金杖与雕像：神权政体的物化表现

三星堆一号祭祀坑出土的一柄金杖（图2），十分引人注目。金杖是用较厚的纯金皮包卷而成的金皮木芯杖，杖长143厘米，直径2.3厘米，净重463克。杖的上端有一段长46厘米的平雕纹饰图案，分为三组：最下一组线刻两个前后对称，头戴锯齿状冠，耳垂系三角形耳坠的人头。上面两组图案相同，下方为两背相对的鸟，上方为两背相对的鱼，鸟的颈部和鱼的头部压有一枝羽箭。这柄金杖与大量青铜器礼器、青铜人头像、人面像、玉石器、象牙（图3）、海贝等巨大的物质财富同出一坑，由于用杖象征权力是司空见惯的文化现象，因此可以认定这是一柄权杖。

金杖上的人头图案，头戴兽面高冠，耳垂三角形耳坠，与二号祭祀坑所出蜀王形象造型——青铜大立人相同，表明杖身所刻人头代表着蜀王及其权力。鱼、鸟图案的意义在于，鱼能潜渊，鸟能登天，它们是蜀王的通神之物，具有龙的神化般功能。而能够上天入地，交通于神人之间的使者，正是蜀王自身。因此，金杖不仅仅是一具王杖，同时也是一具神杖，是用以沟通天地人神的工具和法器。《淮南子·地形训》说："建木在都广，众帝所自上下。"都广即《山海经·海内经》中的"都广之野"，指成都平原；而所谓"建木"，或许就是三星堆出土的青铜神树。既然众神从这里上下于天地，那么金杖上的鱼、鸟，便能够通过金杖那无边的法力，沟通人神，挥洒自如了。自然，与鱼、鸟同在图案上的蜀王，就是指挥、支配人神之间交际的神了。

金杖的含义还不止于此。杖用纯金皮包卷，而黄金自古视为稀世珍宝，其价值远在青铜、玉石之上。因此使用黄金制成权杖，又表现出对社会财富的占有，象征着经济上的垄断权力。所以说，三星堆

图2 三星堆一号坑出土的金杖及图案

图3 考古工作人员正在清理象牙

金杖有着多种特权复合的象征意义，标志着王权（政治权力）、神权（宗教权力）和财富垄断权（经济权力）。这三种特权同时具备，集中赋于一杖，就象征着蜀王所居的最高统治地位。同时，它还深刻地意味着，夏商时代的古蜀王国，是一个神权政体，而夏商时代的古蜀文明，当然也是一个神权文明。

三星堆一、二号祭祀坑内出土了大量青铜雕像，分为人物雕像、动植物雕像等两大类。其中，青铜人物雕像包括各种全身人物雕像、人头雕像和人面像。全身人物雕像中的最大者通高260厘米，最小者仅高3厘米左右，既有站立，又有双膝跽坐和单膝跪地等姿态的造型。人头雕像的大小，一般同真人接近；根据发式、服式和脸型，可以分作几个不同的形式。人面像包括几个不同的形式，最大一尊通高65厘米，通耳宽138厘米，厚0.5—0.8厘米。此外，还出土数具纯金打制成的金面罩。二号坑出土一尊青铜人头雕像，面部还戴着一具金面罩（图4）。动植物雕像包括鸟、鸡、蛇、夔、龙、凤等造型，还有6棵青铜神树，最大的一棵高达3.95米以上。

三星堆一、二号坑出土的数百件青铜人物雕像、人头像、人面像、兽面像，各种各样的动植物雕像以及黄金面罩、青铜神树等，五光十色，光怪陆离，构筑成一个阴森、威严、凝重、恐怖而又庄严肃穆的巨大青铜空间，处处充溢着令人望而生畏的神秘王国氛围。这正是神权政治中心的典型形式，其目的之一，即在

图4　三星堆出土的戴金面罩青铜人头像

于通过各种重型物质的复杂组合及其必然对人产生的巨大精神压力，来显示王权与神权至高无上的权威和力量。可以看出，三星堆遗址出土的大型青铜雕像群，毫无疑问是古蜀王国大型礼仪中心的主要器物组合，它们无一不是古蜀王国神权政体的物化表现形式。

青铜神树："天地之中"的神权结构

三星堆出土的青铜神树，已修复3株，即1号神树、2号神树和3号神树。其中，1号神树高达3.95米，树干有三层九枝，各枝顶端站一欲飞的立鸟，树干有一条头向下的飞龙；2号神树座上铸有武士形象的铜人雕像，背朝树干，面向外下跪，俨然一副虔诚的神树守卫者形象；3号神树的树枝包裹着金皮，果实柄部包卷着金箔，是一株典型的金枝，树枝顶端有两只人面鸟身的立鸟（图5）。不难知道，它们就是供奉在古蜀"天地之中"，供古蜀众帝"上天还下"的神树。

在1号青铜大神树上，有茂盛如锦的枝、叶、花卉、果实，还有飞禽、飞龙、铃等挂饰（图6）。因为用铜制成，枝叶中有铜制的铃，所以能够"呼而不响"。又因神树置于高高的庙堂之内，即使日当午时，也能够"日中无影"。三星堆古城为蜀王之都，是古蜀国的神权政治中心之所在，所以又被称为"天地之中"。可见，三星堆出土的青铜神树，极有可能就是所谓建木，也就是蜀人的天梯。

《淮南子·地形训》说众帝在都广建木上下于天地之间，这"众帝"便是古蜀王国的君长兼大巫师，即蜀国的神权政治领袖。"帝"字在汉语古文字中有特殊意义。帝原本是一个祭名，后来演变成为天人之际的主神，殷卜辞中有"帝使风""帝令雨"等辞例，表明帝凌驾于诸神之上的崇高地位。帝虽然不是被中原视为"左言"的蜀语，

图5　三星堆3号神树

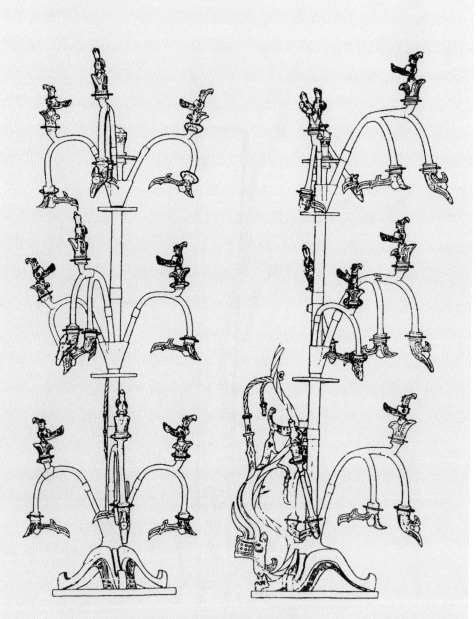

图6　三星堆1号青铜大神树线图

但《淮南子》成书于西汉，是用汉人的语言文字记录的蜀人关于主神的概念。至于帝在蜀语中的音读，由于蜀语早已消失，无从稽考。从《淮南子·地形训》来看，古蜀国的帝是拟人神，有生命、有灵魂、有意志，基本功能是"替天行道"，为天神代言。而天神基本上是一个虚拟，既无实体，又无形象，只有意志，虽然神力无边，却须通过帝来传达意志。因此，在实际的宗教生活中，帝才是最重要的角色。这样，蜀王才借助于法器（神杖），施展法术（各种仪式），使自己扮演起帝的角色，俨然就是神权政治领袖。

三星堆古城为蜀王之都，是古蜀国的神权政治中心之所在，所以被称为"天地之中"，而青铜神树就是三星堆神权政治领袖往来于天人之际传达神意的天梯。神树上的飞龙，是古蜀王的登天工具。人面立鸟，则意味着神人借助于神鸟可以登天。在古蜀人的诸神当中，唯有众帝能够"上天还下"，高踞于群神之上。由于三星堆祭祀坑群的下埋年代不同，意味着三星堆不同的祭祀坑代表着不同的代系。因每一代都有各自高于群神的帝，故而所谓"众帝"，实为历代"帝"的总称。帝与群神的关系，犹如众星拱月，是主神与群神的统率关系。这种关系，带有"神统"的结构特点，它是人世间"君统"结构的反映，折射出当时的社会生活、政治生活和宗教生活。这个神统，又与三星堆青铜像中青铜大立人与其他雕像所形成的主从结构特点相一致，体现出三星堆宗教神权深刻、丰富和神秘的社会功能。

青铜雕像群：神权的功能

三星堆祭祀坑内出土的大批各式青铜人物雕像，他们的服式、冠式、发式各异，显示了不同族类的集合。它所展示出来的图景是，以作为古蜀群巫之长的青铜大立人为中心，以作为西南各族首领的青铜人头像为外围所形成的有中心、分层次的人物像群，用以象征古蜀王国以宗教掩盖政治，以文化代替暴力，使控制合法化的现实情况，展现出三星堆神权在跨地域政治社会中的强大统治。

众多青铜人物雕像（图7）围绕青铜大立人，表现了以古蜀神权政治领袖为中心，聚合西南各族首领而举行的大型礼仪活动，充分展现出三星堆神权在跨地域政治社会中的双重功能。一方面，西南各族君长汇聚三星堆古蜀都，共奉蜀人神权领袖，同祭蜀地信奉之神，表明各族承认三星堆古蜀神权的至上地位。青铜人头像代表着西南地区各族的君长，而这些君长在各自的族群中也同样被尊为神。既然蜀人神权领袖控制了这些各族之长，那么他也就控制了各族的神，并进一步实现了他对西南各族意识形态的控制。另一方面，这些族群的君长形象，都是用青铜制作而成的，他们与蜀王形象的制作材料毫无二致，仅有体量大小的区别，而与用石质材料雕刻出来的奴隶像截然不同，又意味着他们在以三星堆神权为中心的跨地域政治社会中具有相当高的地位，扮演着并非不重要的角色。这表明，三星堆神权文明在跨地域扩张中，十分巧妙地发挥了神权的双重功能，既达到了扩张势力范围的目的，又达到了稳固势力范围现存秩序并增强凝聚力、吸引力的目的。

图7　青铜人面像

青铜文化：多元一体的见证

虽然三星堆青铜文化具有鲜明的个性和特征，但其中不仅可以见到中原文化的明显影响，而且有许多陶器、玉器和青铜礼器本身就直接仿制于中原文化。比如，三星堆出土的陶高柄豆、陶盉，其形制无疑渊源于二里头文化，三星堆青铜人头像双耳所饰云纹，青铜神人大面像鼻、额之间上伸的夔龙纹饰，青铜神树上的夔龙等，都是中原青铜器常见的纹饰，而为三星堆文化所采借。又如，三星堆出土的青铜尊、罍和玉戈等青铜礼器和玉锋刃器，也完全仿制于中原或长江中游文化。三星堆青铜器吸收了通过长江中游传入的青铜器的某些因素，尤其是青铜容器。青铜容器，不论在中原还是长江中游，都是作为礼器使用的，青铜鼎、尊、罍等重器不但作为煮肉和盛酒的器物在庙堂使用，而且还是政治权力和宗教权力的象征物。三星堆文化的青铜容器尊、罍，在形制上与长江中游同类器物有不少相似之处，如青铜尊的高圈足、肩上的立鸟以及器身的纹饰等，应是从长江中游传入。三星堆出土的一件龙虎尊，与长江下游安徽阜南出土的龙虎尊相似，也应是通过长江中游获取的。商文化的若干因素，就是经由长江走廊，源源不断地从长江中游传播到长江上游成都平原的三星堆古蜀王国的。

三星堆出土的各式青铜龙形象，尽管在形态上与红山文化、中原的玉龙和青铜龙有所不同，但有关龙的观念和基本造型等都无疑来源于中原和长江流域文化。这种同中有异、异中有同的特点，表明三星堆龙是综合采纳了华夏龙的形态特征，按照自身的理解整体结合而成的，可谓之"蜀龙"。它反映了飞龙入蜀的情况，同时也说明古蜀也是"龙的传人"之一。

　　中国青铜时代是中国古代文明从发展走向鼎盛的时代。在这个时代，三星堆青铜文化从无到有并走向繁盛，其中的重要原因在于它对中原和长江流域以及其他地区多种文明因素的吸收，并把这些优秀的文明成果融进自身的文明之中，从而光大了自身的文明，使它得以在那一时代大放异彩。由此可见，三星堆青铜文化是一种来源广泛的复合型文明，充分体现和见证了中国文明多元一体的发展过程和格局。

　　（作者系国家社科基金重大项目"南方丝绸之路与欧亚古代文明"首席专家，四川师范大学巴蜀文化研究中心主任、教授）

从良渚古城再认识中华5000年文明史

王宁远

　　80多年考古，良渚从一个籍籍无名的江南小镇，成为世界文化遗产，也是国际社会最终认可中华5000年文明史的核心依据。

　　它是中国历史进程中最关键节点的核心遗址，与夏和秦一起，将中国文明史划分为古国、王国和帝国三个阶段。它定义了江南的概念，并以最大的城、最早的坝、最美的玉，展示了长江下游稻作农业区早期都邑的独特面貌。

　　良渚古城是长江流域早期文明的规划范例。在古城空间形制上展现出向心式三重结构——宫殿区、内城与外城，成为中国古代城市规划中进行社会等级的"秩序"建设，凸显权力中心象征意义的典型手法，揭示出长江流域早期国家的城市文明所创造的规划特征，在中国古代礼制社会的都城规划中多次出现；同时，良渚古城所展现的"水城"规划格局与营造技术，反映了人们在湿地环境中创造的城市和建筑特色景观，特别是作为城市的水资源管理工程、外围水利系统工程的规模、设计与建造技术方面也体现出世界同期罕见的科学水平，展现了5000年前中华文明，乃至东亚地区史前稻作文明发展的极高成就，在人类文明发展史上堪称早期城市文明的杰出典范。

良渚古城遗址的结构与认识

良渚古城地属浙江省杭州市余杭区瓶窑镇，位于浙西丘陵山地与浙北平原的交界地带。西侧天目山的南北两支余脉向东延伸，臂膀一样将其间的平原环抱，形成一个总面积约800多平方公里的C形盆地，良渚遗址群即位于这个大C形盆地的北侧，其中心即为良渚古城。

现在良渚古城遗址的定义，并非仅指城墙之内的城区部分，而是指一个结构功能完备的城市系统，它由城址区、水利系统、祭坛墓地和外围郊区等部分组成，占地总面积达100平方公里，规模极为宏大（图1）。

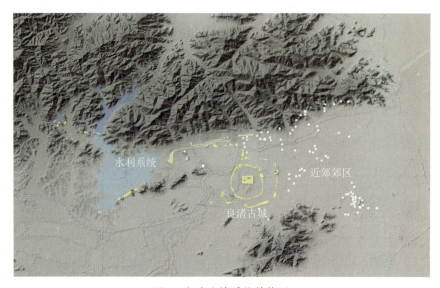

图1　良渚古城系统结构图

在解读良渚遗址时，必须紧扣城、坝、玉三个关键词，兼有宏大与精微两种视角，才能抓住良渚遗址遗产价值的核心重点。良渚玉器的阐述很多，本文侧重于宏观角度对良渚遗址的叙述。

城址

2007年发现的良渚古城城墙是良渚遗址研究的一个重大转折。

从布局上，城址区从中心向外，依次有宫城、内城、外郭三重结构。其外分别为城墙和外郭所环绕，内城面积290万平方米，外郭之内面积为630万平方米。堆筑高度也由内而外逐次降低，显示出明显的等级差异，形成类似后世都城的宫城、内城、外郭的三重结构体系，这是中国最早的三重城市格局，具有重要的开创意义（图2）。

图2　城址区三重格局示意图

（一）宫城

内城有8个水门，两两相对。与8个水门相通的4条干河，构成一个类似"井"字形的结构，把内城切成若干个独立区块。其最中心"口"字形的区块内有莫角山—皇坟山宫殿区、反山王陵区，姜家山和桑树头贵族墓地，莫角山南部为池苑，池苑和西侧水域中间为岛状的池中寺粮仓区（图3）。这个区域居于中心位置，建筑高度最大，体量最大，等级最高，其地位和独特性被重点强调（图4），应是良渚古城内核心的宫城区域。

图3 1960年代卫星影像下的古城三重结构图

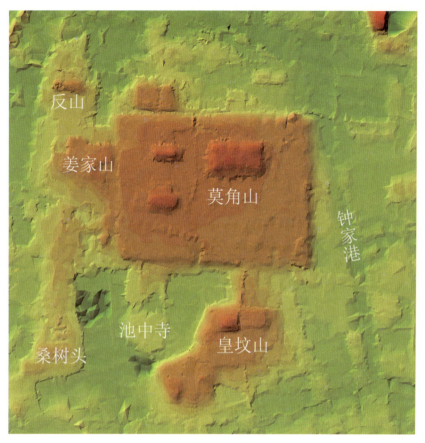

图4　宫城内部功能区图

宫殿区

　　莫角山位于古城中心，是良渚古城最大的单体构筑物。主体为长方形覆斗状土台，东西长约670米，南北宽450米，面积30余万平方米。其上又有人工堆筑的3个土墩，呈三足鼎立之势。钻探显示，莫角山是依托西部自然山体一次性堆筑完成的。莫角山土台最高处人工堆筑了16米，土方量达到228万立方米，是古埃及金字塔之前全世界规模最大的单体建筑工程。莫角山宫殿区内共发现房屋台基35座、沙土广场一处（图5）。沙土广场分布于3个土墩之间，面积达7万平方

图5　莫角山上的建筑布局图

米。由黏土和沙土相间夯筑而成，夯层多的达15层。沙土广场应是举行重要仪式的场所。

莫角山东南部的皇坟山也是宫殿区的一部分。它将一座自然山体加以修整加筑，整体轮廓为两个对角相接的方形，其高度和莫角山一致。上边有长条形人工堆筑高台，和大莫角山南北并列分布，应是与莫角山相互呼应的另一处宫殿基址。

王陵与贵族墓地

莫角山西侧有一条南北向高垄。北部为反山王陵，中部为姜家山墓地，南侧桑树头发现大型建筑基址，早年曾出土大量玉璧等，应该也有高等贵族墓地。

反山1986年发现良渚文化大型墓葬11座，出土了大量珍贵文物，是整个良渚文化最高级别的王陵级墓地（图6）。反山以出土精

图6　反山墓葬图

美玉器著称。其中M12出土玉器种类、数量最为丰富，尤其是玉琮王、玉钺王以其完整神徽图案的出土显示墓主可能是良渚王国的一位王者。

粮仓与池苑

近年在宫城区内发现几处仓储遗存，其中最重要的池中寺遗址位于莫角山西侧的南部。钻探发现其底部有大面积的碳化稻谷堆积，总量约6000立方米。根据随机取样获得的稻谷平均密度，计算出池中寺稻谷的重量约为195300千克。这些碳化稻谷遗存颗粒饱满，不和陶片、猪骨等一般生活垃圾混杂，可能是大量集中堆放稻谷的谷仓失火后形成的废弃堆积。

池中寺位置布局经过精心规划。其东西两侧皆为水域，呈岛状立于水中，能最大限度避免火灾的危险。

池中寺东侧的水域为一个人工池苑，底部明显高于西侧的自然水面。沿着池中寺东部修有一条南北向的堤道，既可作为莫角山和皇坟山之间的通道，也起到堰坝的作用，使东侧池苑塘水位得以保持，以满足宫殿区的使用。

除西南侧留出的一个水路通道外，皇坟山和西侧长垄像莫角山伸出的两臂将池中寺粮仓和水域围抱怀中，说明其重要性需要特别严密的保护，同时也说明它们应该属于宫城内部设施，类似于御仓。西南侧留出这个通道连接南部良渚港，则方便了粮食的运输。

（二）内城

作坊区

内城指宫城四周的干河到内城城墙之内的区域，它被4条干河与其他河道切割成若干小块。这些区块普遍经过人工垫高，比城外地面约高1米左右。有的区块还存在围墙类的设施，说明各小区也存在一定的独立性。

这些区域大约是各类手工业作坊。城内南北向的干河钟家港做过较大范围的清理，在东岸钟家村台地上发现大片的红烧土堆积，台地边缘堆积中出土较多燧石片、玉料、玉钻芯、石钻芯等遗物，这些遗物和各类陶片、猪骨等有机质垃圾混合一起，说明此段河岸台地应该主要是玉器制作的手工业作坊区，并且是居住和作坊混合的家庭作坊的形式。钟家港河道不同位置还出土了大量漆木器、骨器、石器等的加工工具、坯件和下脚料，显示各类手工业作坊分布密集。

城墙

古城墙平面略呈圆角长方形，正南北方向。大致以莫角山土台为中心，东西长约1500—1700米，南北长约1800—1900米，城墙部分地段残高4米多。墙体做法考究，先于生土面上铺垫一层10—20厘米厚的胶泥；之上铺放块石，铺石面宽度多为40—60米，局部宽达百米，之上堆筑纯净的黄土成为墙体。古城墙采取了"夹河筑城"的营建模式，内外两侧大都紧贴城河。

城墙内外坡脚下普遍叠压着生活废弃堆积，内多见鼎豆罐盆鬶盉等日常生活陶器，少见石钺、箭镞等与军事用途相关的遗物，可推知这是日常生活形成的垃圾。在北城墙墙顶发现了两个长方形的台基，应是房屋建筑的基础。由此可知，城墙具有居住功能。

城墙内外侧每间隔一段距离，常向内外侧凸出，以很缓的坡度逐步伸向河道，作用是河埠头或码头，是墙上居民上下城河的通道。

城墙坡度很缓，从坡脚可轻易走上顶部，因此仅凭墙体本身形态无法起到阻挡外敌的作用。我们认为良渚古城的城墙和后期作为军事防御设施的城墙形态和功能差距很大，应该是南方早期都邑的一种兼有居住功能，与宗教或礼仪关系更密切的城墙形式。

（三）外郭城

外郭由若干具有独立功能的区块组成：城北有扁担山—和尚地一组东西向高垄，并与前山连接；城东南部外侧，由美人地、里山—郑村、卞家山分别构成北、东、南三面墙体，形成一个长方形的结构，并和古城的东墙和南墙相接续。从卫片观察，城西南角也存在着一个体量较小、围护着凤山的框体。城墙东北转角雉山外侧，也有类似结构的迹象。从结构的角度看，这些区块虽然整体上围护在内城之外，

图7　高程模型显示的外郭结构图

但彼此并不构成如内城墙般标准的一整圈，而是强调各区块的独立性（图7）。

美人地、卞家山等遗址发掘显示，外郭的框体也是人工堆筑而成，用作居址和墓地，是一种堰居式的形态。框体之内的是低平的湿地，没有居址也没有发现稻田。推测构建这种特殊结构的目的，可能是在相同数量的人口下，能最大限度扩大对内城围护的范围。同时，这些框状结构又各自围成若干独立的小区块，可能分属不同的血缘组织。

人口和资源构成

通过人均遗址面积的方式初步估算，良渚古城外郭以内的人口可达两三万人，是一个规模很大的城市。

钟家港河道发掘出土大量石、玉、漆木、骨器等手工业的工具和原料，却几乎没有发现石镰、石犁等农业工具。对良渚古城外郭之内勘探，也没有任何水稻田，由此显示城内居住着大量的非农手工业人口，而几乎没有直接从事农业生产的农民，这体现了明确的城乡分野。而对粮仓稻米的DNA分析，显示具有很高的离散性，表明城内大量的稻谷应该由不同的产地汇聚而来。针对猪骨的锶同位素分析表明，古城内的猪可能来源于3个产地，其中有从嘉兴地区远距离输入的可能。对人骨的DNA分析，有3个样本获得数据，其中2个显示为本地人群，一个则可能来自山东地区。另一项于人骨的碳氮同位素研究显示，死者中大部分以稻米为主食，符合本地稻作农业区的饮食传统，也有一些个体是以粟为主食，应该来自外部旱作农业区，进一步的氧同位素研究似乎指向这些人来自河南或陕西等遥远的地区。尽管这些人骨不是出土于正常埋葬的墓葬，而来自河道的非正常死亡的个体，身份不明，但仍然可以看出良渚古城的人口来源超越了文化区，反映了良渚古城是一个百工兴旺，各地人群齐聚，粮食和肉类等资源完全依赖外部输入的超级城市，这些特点甚至已经与今天的上海、北京等大都市非常类似。

（四）外围水利系统

水利系统位于良渚古城的北面和西面，目前共确认有11条堤坝，是良渚古城建设之初，统一规划设计的城外有机组成部分（图8）。水坝主要修筑于两山之间的谷口位置，可分为南北两组坝群，分别构成高坝和低坝两道防护体系。

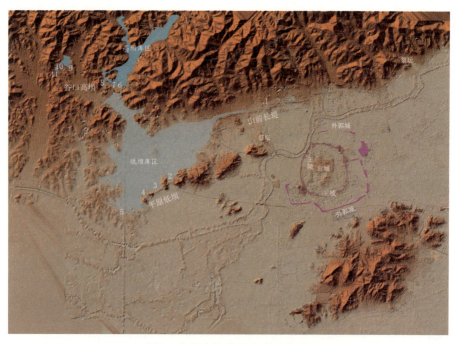

图8　良渚古城外围水利系统图

低坝系统：1.塘山 2.狮子山 3.鲤鱼山 4.官山 5.梧桐弄
高坝系统：6.岗公岭 7.老虎岭 8.周家畈 9.秋坞 10.石坞 11.蜜蜂垄

　　整个水利系统在良渚古城北部和西北部形成面积约13.29平方公里的库区，相当于两个西湖；总库容4635万立方米，相当于3个西湖的水量。整个水坝系统人工堆筑土方量达288万立方米，仅塘山长堤堆筑土方量就达198万立方米，这是同时期世界上规模最大的水坝系统，也是同时期规模最大的公共工程。

　　这套水利系统可能兼有防洪、运输、调水、灌溉等多方面的功能。

　　从防洪角度看，天目山系是浙江省最大的暴雨中心，夏季极易形成山洪，对下游的良渚遗址群形成冲击。兴建高、低两级水坝可以将大量的来水潴留在山谷和低地内，解除洪水威胁。

　　从运输角度看，天目山系有丰富的玉石料和动植物资源，但山谷陡峻，山溪性河流大多时候不能行船。通过筑坝蓄水形成库区，可以形成连接各山谷的水上运输网。如高坝系统的岗公岭坝群，满水水面可沿山谷上溯3000米左右；而低坝系统鲤鱼山坝群海拔约10米，库区水面可北溯3700米左右，直抵高坝下方。通过翻坝，即可形成接续的水上运输。水利系统是良渚古城营建的前提。

　　良渚古城的运转也离不开水利系统。古城生活资料完全依赖于外部聚落支撑。在不具备轮式车辆的良渚时代，水运是交通命脉。据统计，良渚区域涝灾和旱灾的比例为6:4。如果旱灾发生水运断绝，古城就无法维持运转。因此，在上游建立水利系统，汛期蓄水，旱时向城内调水，可以保证古城全年的生活用水和水上交通。

　　另外，在低坝坝下几个位置钻探发现水稻植物硅酸体密度较高，可能存在古代稻田，因此也不排除水利系统具有自流灌溉功能。

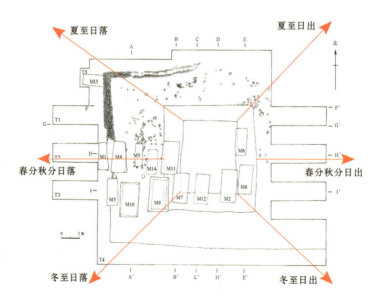

图9 瑶山祭坛及权贵墓地及祭坛的观象示意图

（五）祭坛与墓地

良渚古城的外围还分布着瑶山、汇观山等祭坛遗址和权贵墓地。瑶山的顶上发现了良渚文化的祭坛，祭坛的西边和北边是覆斗状的石头护坡，祭坛顶部平整，在顶上以挖沟填筑的方式，做出规则的回字形灰土框，由内而外形成红土台、灰土框和砾石台面三重结构，祭坛上共发掘清理13座良渚大墓，分两排埋在祭坛的南侧。汇观山位于良渚古城西边约2公里，是一座海拔约22米的自然小山，发掘出一座形制与瑶山十分相似的祭坛，在祭坛的西南部发现清理了4座良渚文化大墓。

关于瑶山、汇观山两处人工营建的祭坛的性质，有学者推测其功能应是用于观测太阳进行测年的，通过观察可以准确地观测确定一个回归年的周期（图9）。

（六）近郊与远郊

良渚古城、水利系统和瑶山汇观山祭坛等核心区之外，100平方公里城市系统范围以内还分布众多的郊区聚落。

经最新统计，目前良渚古城系统所在的100平方公里范围内已发现各类遗址270余处，其中郊区聚落190余处，这些聚落与古城应有密切的内在联系。相信随着今后全覆盖式勘探工作的持续开展，将会发现更多的遗址。

从更大的区域观察，良渚古城东侧的临平遗址群和东北侧的德清杨墩—中初鸣遗址群可以视为与良渚古城关系密切的远郊，从而可以将这800平方公里的C形盆地内所有的良渚遗址视为一个超级大聚落，类似于后代的"京畿"（图10）。

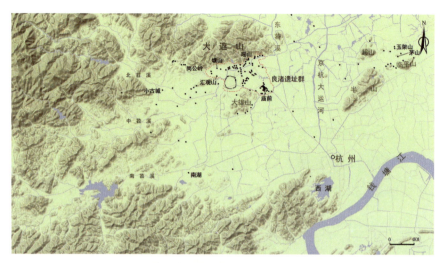

图10　C形盆地及其内的良渚文化遗址分布图

良渚古城的特点和意义

　　良渚古城遗址保存了早期国家的完整结构。良渚先民为开发水乡平原而创造的"筑土堆墩、饭稻羹鱼"的居住和生产模式，在江南地区持续5000年而未曾改变，因此当时以人工土台为地貌形态存在的遗址被世代加高沿用，良渚古城遗址各城址区、水利系统、祭坛墓地、外围郊区结构大体得以保存。目前在良渚遗址群中，都邑、二级聚落、基层聚落类型齐全，是古国时代聚落研究的教科书式的样本，其完整性在世界上都非常稀有。

　　良渚古城遗址体现了都邑发展过程的完整性。古城的各功能区并非从一开始就完整具备，而是在一个较长的阶段内逐步完成。根据年代学的研究大致可知，在良渚古城建设之前，距今约5100年左右，在遗址群周边的山丘坡脚，已经分布瑶山、官井头、吴家埠、北村等一些等级很高的聚落，聚落内部和聚落之间等级分化明显，其中的上层精英应该就是良渚古城的规划和设计者。到距今5000—4850年，水利系统、反山、莫角山宫殿区先行建造；约距今4850—4600年，卞家山、美人地等外郭和内城墙形成。因此良渚遗址群动态记录了从前古城时代到古城兴建、发展、废弃间千余年的完整历程，是研究文明社会产生发展的极好标本。

良渚遗址是中华文明形成过程中关键节点的关键遗址。

中国文明经历了古国（邦国）—王国—帝国三个阶段的发展。古国阶段，被喻为"满天星斗"，指刚进入文明门槛，万国林立，是一种没有中心的多元文明时期。其后是王国阶段，涵盖夏、商、周三代。虽然法理上是"普天之下，莫非王土"，实际上最高统治者天子只直接控制王畿地区，周边区域都是相对独立的诸侯国，是一种有中心的多元文明时期。其后秦灭六国，统一天下，推行郡县制，实施中央政权对地方的直接管理，由此进入帝国时代。因此，从社会发展史角度而言，夏代和秦代分别是王国和帝国时代开端的关键节点，而目前而言，良渚正是进入古国这一关键节点证据最为充分的遗址，是满天星斗中最耀眼的一颗。所以当之无愧地被视为实证中华5000年文明史的圣地。

在良渚文明确认之前，国际学术界只承认中华文明始于殷商时期，并不认可中华5000年文明的说法。随着中华文明探源研究的持续推进，特别是良渚古城的发现，越来越得到国际考古学家的关注。伦福儒先生近年多次指出良渚古城已展现出强大的社会组织能力，良渚文化的复杂程度超过英国的巨石阵、希腊的克罗斯等早期文明，已超出酋邦的范畴，是东亚最早的国家社会。而随着2019年7月6日良渚古城遗址成功列入《世界遗产名录》，标志着良渚属于文明时代的观点获得国际社会的广泛认可。

良渚古城作为良渚文化的权力与信仰中心，以建造于约公元前3300—公元前2300年间的规模宏大的城址，功能复杂的外围水利系统、分等级墓地（含祭坛）等一系列相关遗址，以及以具有信仰与制度象征的系列玉器为主的出土物，揭示了中国新石器时代晚期在长江下游环太湖地区曾经存在过一个以稻作农业为经济支撑的、出现明显社会分化和具有统一信仰的区域性早期国家。

（作者系浙江省文物考古研究所研究员）

从海岱到齐鲁：中华文明传统的重要源泉

孙　波

　　史前称为海岱地区的，是现在以山东为中心的黄淮下游。在周代，这里孕育了齐鲁文化，有着自己独特的文化和社会发展路径，在中华文明起源和文化传统塑造中发挥了重要作用。

　　海岱地区文明是如何形成的？对以华夏为主体的中原文明产生了怎样的影响？齐鲁文化在塑造中华文化传统的过程中又做出了怎样的贡献？从海岱到齐鲁，让我们一起探寻一二。

　　以山东为中心的黄河下游地处中国东部，泰沂山地是为地区重心，历史上著名的四渎之黄、济、淮都经过这里，在《禹贡》九州中占据了青、兖、徐三州，与外围的冀、豫、荆、扬诸州关系也十分密切。这个地区，史前时期考古学上称之为海岱历史文化区，简称海岱地区，历经新石器时代和早期青铜时代，经过商周两代的代谢，后来主要发展为齐鲁文化。

　　经过近百年的考古工作，海岱地区建立了完善的考古学文化框架，从旧石器时代直到秦汉，不仅呈现了本地区文化发展的基本脉络，也反映了本地区各个阶段的文化发展成就。其特点有二：一是连续发展，环环相扣，是中华文明传统从不间断的典型代表；二是作为中华文化整体的一分子，海岱地区对中华文明传统的塑造做出了重要贡献，其作用在文明起源和齐鲁文化两个阶段尤其突出。

连续发展，环环相扣

海岱地区史前考古文化序列，在同时期诸板块中是最为完善者之一。这得益于两个方面：一是本地区从新石器文化早期一直到青铜时代早期基本稳定的发展状态，虽然也表现出阶段性的变化甚至转折，但并没有对文化进程产生决定性影响，仍然按照既定轨迹运动。二是本地考古工作者持续百年的艰辛探索和卓有成效的研究工作。自从1928年吴金鼎先生调查发现城子崖以来，几代学者历经60余年探索，终于在20世纪八九十年代构建起海岱地区基本的新石器和早期青铜时代考古学文化框架，特别是大汶口文化和龙山文化阶段，文化分期与分区的研究十分深入，成为黄河和长江中下游地区的标尺，良渚文化时代定位从龙山文化上移到大汶口文化中晚期，就是依据这个框架改定的。

目前，海岱地区新石器早期文化是扁扁洞一类遗存，可能还没有产生农业，仍以狩猎采集为基本生计手段，年代距今约10000—9500年。然后是距今9000年稍早的张马屯类遗存，处于扁扁洞和后李文化之间，然而从聚落和生计来看更接近后者，与后李文化一样都是农业初兴、聚落勃发的阶段。至北辛文化，海岱历史文化区基本形成。从大汶口文化开始，经济技术加速发展，人口快速增殖，社会分化逐渐加剧，复杂程度越来越高，聚落中心逐步成长，中期开始出现城址，至晚期，更加普遍。这时围绕城址越来越多的聚落汇集起来，形成群落，区域社会初步孕育，早期政体的雏形越来越清晰。但这种政体还是建立在以血缘等级制度为基础构筑的社会关系之上，因此还不能算作真正的国家。这种趋势进入龙山文化后开始转向，血缘纽带松弛下来，社会生活世俗性加强，人口激增，社会生产和人口流动性显著增强，城址内不再以族群划分居地，杂居可能占据主流，开始向真正的城市生活迈进，区域社会越来越成熟，最终推动着这种城市政体跨入了早期城邦社会，真正的国家产生了。龙山之后的岳石文化进入了早期青铜时代，龙山文化以来的社会面貌为之一变，虽然分布范围变化不大，但无论聚落总数还是密度都大大下降，文化面貌也改变很多，说明维持以前社会形态的条件已不复存在。整个社会表现为一般聚落代表的基层社会普遍趋于贫乏，但上层社会所在的中心聚落更加突出，无论是城墙还是高等级建筑的规模、规格都远迈从前，说明社会等级差距较以前显著扩大，统治阶层掌控社会资源的能力得到空前加强，社会开始以新的方式运行。岳石文化之后，本地区经历了商代二里岗上层文化摧枯拉朽般的征服、殖民和殷墟文化阶段持续的统治，然后被周文化代替。包容的周文化保留了更多的本地土著文化因素，海岱传统得以回归，在周文化的底色中，齐鲁文化脱颖而出，造就了中国轴心时代文化思想的空前辉煌，还为帝制时代国家治理提供了制度和意识形态实践。

对中华文明传统塑造的贡献

（一）文化转折推动社会发展

海岱地区虽然以文化发展的连续性著称，但其阶段性亦很明确，尤其是在大汶口文化向龙山文化的过渡上，前后之间有些差别可以说是本质上的跃进。

强烈的血缘色彩是大汶口文化最突出的特征，公共墓地体现的血缘网络，厚葬表现的尊祖崇祀之风，都与祖先崇拜不可分割。这种现象贯穿了整个文化，进入晚期阶段又出现新的变化，墓地规模变小，组群分别细化，墓葬排列越来越整齐。显示了对墓地秩序管理加紧的趋势，推测这时个人在血缘体系中的位置开始变得重要起来，这种变化很可能是个人的权利义务、身份地位与血缘关系逐渐挂钩带来的，以前平等的血缘关系被注入了等级、亲疏层次以及财富等新的因素，开始向着秩序化的等级体系转变，后世所谓的宗族法则大概滥觞于此。与强烈的血缘色彩相伴的往往是浓厚的宗教氛围，这不仅从丧葬风俗中的祖先崇拜可得确证，而且大家耳熟能详的犬牲、龟灵崇拜、大口尊与刻画符号等常见现象（图1），亦足可征。

图1　尉迟寺遗址出土大口尊与刻画符号

　　进入龙山文化，几乎一下子就转变为世俗世界。最显著的变化之一来自葬俗，家族墓地在很多地区基本消失，丧葬活动已没了大汶口文化那种近乎偏执的狂热，人们观念中实用的苗头开始压过对祖先对宗教的热情，体现出更多的现世关怀。大墓中表现宗教信仰的因素淡化很多，而表现墓主人世俗社会地位的因素增强了，墓坑的规模形制、葬具的配套、随葬品的配伍关系、仪仗等制度性差别越发突出，与社会基层割裂的程度越来越大。许多遗址都可见到的祭祀坑、奠基坑、人殉、人牲等，可以明确地看到世俗权力的渗透，表现出强烈的暴力倾向，这是前一阶段所没有的现象，或许暗示通神权可能更多地已经为社会上层所控制，正与古史传说中的"绝地天通"似乎相合。

　　如果从整个史前中国来看，会发现上述两个文化阶段之间的种种区别实际上只是我国历史上第一次传统大变革的缩影——由仰韶时代的血缘和宗教世界转向龙山时代的世俗生活，中华文明从此改观，进入了新的境界，文化性格中烙上了深深的世俗化胎记。这个变迁是由具有朴素务实传统的黄河流域特别是中原与海岱地区率先引发的，并深刻地影响到整个史前中国的脚步。

（二）文明起源及早期国家之路

　　目前一般把仰韶时代晚期和龙山时代所经历的约1500年，作为追寻中国早期文明形成的关键阶段，海岱地区这个阶段属于大汶口文化中晚期和龙山文化。实际上海岱地区聚落和社会的发展，早在大汶口文化早期距今6000年前后即表现出加速的势头，大型聚落开始出现，展示了强烈的社会分化程度。与其他地区一样，大约从中期阶段开始，文明化进程开始加速，首次出现了焦家这样的城址，围绕城址开始有普通聚落集聚，区域社会开始孕育，向着实体化发展。到晚期，城址开始成组出现，周围聚落更加密集，形成群落，标志着以城址为中心的区域社会已具雏形，成为政治实体。

不过从焦家、岗上等经过较为充分研究的聚落看，此时无论是城内还是城外，居民都还是聚族而居、聚族而葬，可见社会等级分化仍然是血缘等级，与财富经济可能没有直接关系，个人出人头地的方式主要是威望的提高，需要通过宴饮和军事才能，因此我们看到大汶口墓葬中那种浓郁的厚葬攀比风气以及普遍的配钺现象。因此这时期的政体可能还是一种类似酋邦的政体，需要依赖血缘和宗教两条纽带把整个社会编织成一体，权力结构主要建立在血缘等级体系基础上，其社会性还不明显。

到了龙山文化阶段，聚落和社会发展一方面延续了大汶口以来的势头，另一方面传统习俗出现了大幅度转向。后者已如前述，前者则出现重要变化——以城市为中心的区域社会真正成熟了。龙山文化城址与大汶口城址比较起来，可能已经成为真正的城市。首先城内已经不按血缘关系划分居地，开始杂居，个体家庭成为社会基本细胞，人口密度更大，居民的职业身份更加多样，手工业生产和产品交换活动都发达起来，相应的贸易系统逐步形成。从聚落形态观察，龙山社会存在三级管理体制：基层聚落—围绕基层中心形成的聚落圈—围绕地区中心由多个聚落圈构成的区域社会。虽然存在这么密切的经济文化关系，但区域社会在政治上都是相互独立的，没有附属关系，其政治形态应该是早期的城邦社会。

（三）交流与互动：海岱地区对中华文明传统塑造的独特贡献

海岱地区对中华文明进程产生重要影响的第一个阶段是新石器时代晚期。乘着良好的发展势头和雄厚的社会基础，从大汶口文化中期开始海岱地区向外扩张，到大汶口晚期不仅占据了淮河以北苏皖北部广大地区，并且向西挺进到中原腹地，其影响则远迈于此，向南深入到长江流域，向西过晋南而达关中，向北则到了西辽河流域。其中尤其需要注意的是，大汶口文化西进对中原产生了深远影响，可以说它的搅动，推动了以中原为中心的历史趋势的形成，进而加速了中华文明起源的进程。我们知道中原地区虽然文化发达，一度影响了大半个中国，但其本身传统一直都是朴素的，社会分化很小，也没有发展起来类似大汶口文化那种以复杂棺椁和葬仪以及宴饮、奢侈品为代表的社会制度。而到了龙山阶段，中原地区却突然具备了这些制度，甚至犹有过之。这些变化，学界普遍相信源自海岱地区的影响。到了龙山晚期阶段，带有大量东方因素的新砦期遗存也是突然出现于中原腹地，为二里头文化的最终确立埋下了伏笔。因此，在中华文明起源和早期国家阶段，海岱地区深度参与了中原王朝国家的形成过程，并以自己的独特贡献成为后者朝贡体系下国家结构的重要一元。

海岱地区对中华文明产生重要影响的第二个阶段是东周时期，此时属于世界史上"轴心时代"，印度、中东、希腊以及中国都出现了哲学和思想的巨大突破，并由此塑造了不同的文化传统，影响整个世界。在中国，这个突破的重心便在齐鲁，先秦诸子大多活动于此，鲁国孕育了华夏文明的精神内核之一——儒家思想，齐国则由管仲开辟了国家治理学说和制度实践，其后又立稷下学宫，成为战国时期百家争鸣的文化中心。

强调"礼"和维护秩序的儒家文化，其诞生地鲁国的考古材料颇能反映儒家精神实质，如鲁故城布局最能体现其对周礼的遵循，宫城居中，郭城环绕，内外城制、中轴线分布，是目前先秦都城中最符合《周礼·考工记》"礼制"的实例（图2）；再如鲁故城乙组周人墓葬

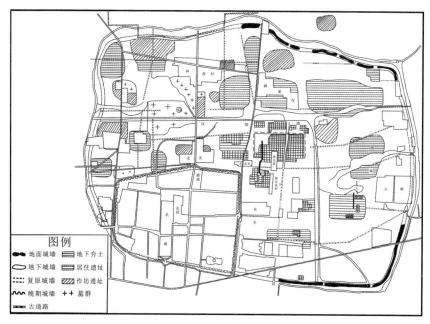

图2　鲁故城平面图

自西周中期到战国时期男性墓葬随葬鬲罐组合及奇数配置等，完全是周制的反映；儒家思想中人本的一面也在鲁地礼制已经下沉至平民阶层的考古发现中有所体现，这在其他诸侯国是见不到的。

齐文化则系统实践了影响后世的国家治理制度。齐故城内外遍布手工业作坊，市井之间设置了相应的市场，作坊尤以冶铁、铸铜、制陶最为普遍，渤海南岸制盐业得到充分发展（图3），并由此诞生了最早的盐铁专营制度；齐故城周边乃至齐国范围内分布大量的高台建筑，是齐国统治阶层强化王权的手段；遍布齐地的八主祭祀系统成为后世王朝国家自然神祭祀系统的主体架构；齐故城内出土的大量陶文表明齐国都城可能曾出现过里坊制度的雏形，这也是城市管理制度的创新；稷下学宫的创立更为后世官学提供了范本。以《管子》为核心的齐文化强调礼法并用、农商皆重的治国理念，强调国家控制下的经

图3　晚商时代的盐灶

济发展，相较于鲁文化对价值和原则的坚持，齐文化更强调务实。

　　周代是华夏文化本体的形成期，华夏意识逐步渗透，产生了特殊的凝聚力，并由此诞生了华夏体系。出于宗周的齐鲁文化不仅为华夏体系的构建贡献了制度框架和精神内核，而且深植于中华文明传统，影响至今。

（作者系山东省文物考古研究院院长、研究员）

考古所见商王朝的"海洋资源"开发

燕生东

一望无际的海洋，吸引人的不只是神秘的海洋世界，还有无尽的资源宝藏。那些被视为生命食粮、百味之祖、国之大宝的海盐，还有那些因质地坚硬、光泽鲜亮、表面瓷滑、外形奇特而被古人充当贵重装饰物品和货币功能的各种贝螺，都来自这里。

商王朝是什么时候把边疆扩张到东部沿海地区，又是如何大规模开发、获取滨海盐业、贝螺和渔业资源的？让我们看看最近二十多年来东部沿海地区的最新考古发现了什么。

考古发现表明，我国沿海地区居民早在距今9000年的新石器时代就开始开发近海渔业资源，经略海洋；距今6000—4000年，沿海先民已在辽东半岛、胶东半岛、江苏和浙江沿海定期通过海洋开展玉器、稻米、高档陶器等中短途贸易活动。传统上认为，夏商周王朝核心区域位于河南、山西、陕西的中原内陆地区，不太重视经略海洋，这是不确切的。早在商代，或者说自商代开始，历代王朝就开始从国家层面上重视海洋、经略海洋，利用和开发海洋资源。最新考古发现和研究显示，商王朝东部边疆到达了今天黄海、渤海西岸，并大规模开发滨海的盐业资源、贝螺和渔业资源，还通过贸易等手段从更远的海洋获取货贝类资源。

商王朝疆域已到达东部沿海

周代、两汉文献已提及商王朝疆域已到达东部沿海。如《诗经·商颂·玄鸟》说商王武丁"邦畿千里，维民所止，肇域彼四海"，商王朝晚期疆域以四海为界，其东界到达了东部沿海；《淮南子·泰族训》也明确说"殷之地，左东海"，殷商东部疆土已经达东海，即今渤海或黄海海岸；《汉书·贾捐之传》记载，商王朝和周王朝最强盛的武丁和成王时期，东部边疆已到胶东半岛渤海东岸的黄县（今龙口市）一带。

夏商周时期，生活在今山东、江苏省北部沿海地区的居民为东夷和淮夷族群。古本《竹书纪年》记载，自商代中期，商王仲丁、河亶甲就多次攻打位于鲁南地区的东夷支族蓝夷，向东部沿海地区不断扩张；同时还记载了商王南庚都迁于奄（在今山东曲阜一带）、阳甲居奄，到了盘庚才自奄迁于殷（今河南安阳）之事，换言之，商王朝都城一度迁到距海岸不远的鲁中南一带。

商代晚期，东夷、淮夷势力强盛，是商王朝最强大的敌对方之一。商王为了争夺和控制东部沿海地区，曾多次攻打东夷，《左传》提及商王"纣克东夷，而陨其身"，大伤元气。殷墟甲骨卜辞和商代铜器铭文中，东夷被称为夷方或人方，多次提到商王亲领军队征伐夷方。据初步统计，与夷方相关联的卜辞经缀合后就有66版，材料最丰富的为商王帝乙或帝辛（纣）十祀（年）和十五祀（年）征夷方，每次历时竟达九个多月，才打败夷方。

　　夏及商代早中期，东部沿海地区东夷、淮夷族群的文化遗存在考古学上称为岳石文化。商代初期，商王朝势力还未向东方扩张，商代中期，开始大规模东扩，商文化逐步取代了岳石文化。目前，考古专家在河北东部沧州，鲁北滨州、博兴、临淄、青州、潍坊，鲁东南沂水、莒南、日照，江苏连云港、阜宁、盐城等地发现了商文

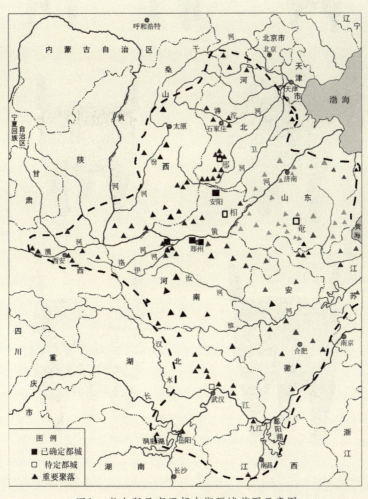

图1　考古所见商王朝中期疆域范围示意图

图2　连云港大村出土的中商时期青铜甗和鼎

化村落遗址和墓地（图1）。这些遗址和墓地出土了与岳石文化截然不同的中商文化典型陶器、铜器、卜骨、卜甲、玉、石器等，墓葬习俗如腰坑、殉狗、殉人及随葬品种类与组合也同商文化完全一致。如此看来，商王朝中期东部疆域已到达渤海西岸、南岸内陆腹地，东部至潍河、白浪河、沭河一线，东南至连云港海岸以及淮河下游南侧的阜宁、盐城古海岸一带。濒临黄海西岸的连云港大村遗址一个坑内还出土了中商文化规格较高、器形高大的4件铜鼎、3件铜甗（图2），有学者说这些铜器可能出土于一座高等级墓葬，这里应是商王朝距海岸线最近的一处高等级聚落；有学者说这些铜器是商王祭祀海洋的礼器。不管怎么说，苏北连云港、阜宁、盐城一带的黄海之滨是商代中期商王朝能直接接触到海洋、开发利用海洋资源的地方。此时，中原地区的贝类、螺类、蛤类和海盐主要来自这一地区。

　　广袤的渤海西岸、南岸滨海平原上未见到中商文化时期遗存，说明此时商王朝还不能从渤海沿岸直接接触到海洋。但在商王朝晚期则发生了大变化。商代晚期即殷墟时期，商文化和势力在西、北、南与东南部大范围退缩，唯在东方地区发展最为稳定，并保持着强盛发展劲头（图3）。东方地区晚商文化聚落遗址数量较前一阶段成倍、成十倍以上增加，出现了数量较多的、贵族居住的高等级聚落，文化内容上与殷墟文化关系密切，这里成为商王朝晚期重点拓展和经略的区域。更重要的是，在长达300余公里的渤海西岸、南岸（即莱州湾南岸）滩涂地上，出现了规模巨大的十多处商代盐业聚落群。这一带也就成为商王朝晚期直接控制的，能通往海洋和开发利用海洋资源的地方。

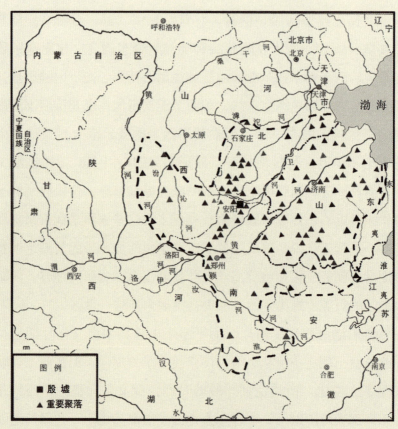

图3　考古所见商王朝晚期疆域范围示意图

商王朝晚期转向东部沿海开发、利用海盐资源

渤海南岸、西岸地区，即今莱州湾南岸和渤海西南部的黄河三角洲地区，大体包括了山东省莱州、潍坊、东营、滨州、淄博、德州，河北省沧州以及天津市静海区等所属的沿海平原。沿海平原多属于泥质滩涂地，广泛分布着滨海盐土，土壤严重盐渍化，加之地势平洼，

潜水位高，排水困难，淡水资源又匮乏，海拔4米以下的地带还常遭受渤海潮水侵袭，因而这一带非常不适合农耕活动。为何有那么多的殷商文化聚落出现在渤海西岸、南岸滩涂地上呢？

　　渤海西岸、南岸地区的制盐原料非常丰富。不仅有取之不尽的海水，有古潟湖（境内有古巨淀湖、清水泊、黑冢泊、别画湖）水、盐碱土等制盐原料，还有储藏丰富、盐度远大于海水（是海水的3—6倍）、容易获取、易于煮盐或晒盐的浅层地下卤水。此外，该地区地质、地貌、气候与植物资源也便于晒盐、煮盐。滨海平原面积广阔、地势平坦，土质结构致密，渗透率低，是开滩建场的理想土层；这里四季分明，风多且大，光照充足，年蒸发量是年降水量（年平均降水量在600mm以下）的四倍左右；生长在滨海平原和河岸上的柽柳、茅草、芦苇等植物还是煮盐所需的燃料。总体而言，这一带非常利于大规模盐业生产，历来为我国重要的海盐生产基地。传说中的炎黄时期宿（夙）沙氏就在这一带发明了煮海为盐。《逸周书》《左传》《禹贡》《尸子》《国语》《管子》《周礼》《战国策》《史记》《汉书》等周汉文献提及这里有"北海之盐""青州贡盐""幽州鱼盐""渠展之盐""齐国鱼盐之地三百""齐之海隅鱼盐之地""东莱鱼盐"等。据记载，东周时期齐国就发生了中国盐政史上的一次革命——"食盐官营"，包括食盐的民产、官府征收、专运专销、按人口卖盐征税等制度。

　　盐在日常生活中具有无可替代的作用。食盐是人们必需的生活物资，是人类身体保持健康必不可缺的矿物质，被视为"百味之祖""食肴之将（酱），人人仰给"（《汉书·食货志》），用盐腌制鱼肉和蔬菜还是古代保存食物的重要方式。由于盐产地的不平衡性，制盐业为古代最早的特殊产业之一，盐还成为人类最早、最重要的商品之一。中国各朝代都将盐视为一种国家控制的重要战略物资、赋税最主要的来源,"盐者,国之大宝"(《晋书·食货》),"天下之赋,盐利居半"(《新唐书·食货志四》),"国家经费,盐利居十之八"(《元史·郝彬传》),因而多施行严格的专营专卖制度。换句话说,盐业生产和销售在古代社会不仅是一项特殊的经济生产活动,还是一项重要的政治活动。

渤海西岸、南岸地区地理位置也比较特殊。这里为古黄河、济(泲)水、古漯水、漳水以及古黄河支津——九河(学者考证为古徒骇河、太史河、简河、洁河、胡苏河、鬲津河、马颊河、复釜河、钩盘河)的入海处,与夏、商、西周王朝控制的核心区域黄河中下游、济水中上游、渭河流域等,地理上连成一片。可以说,这里是中国古代距夏商周王朝核心区域最近的沿海地区。渤海西岸、南岸地区生产的海洋资源可以通过古黄河、济水、古漯水、古漳水等运往冀中南、豫北、豫东、豫中和豫西等中原腹地,因而很早就形成了与中原王朝连为一体的社会经济网络。

考古资料表明,夏王朝和商王朝早中期开发利用的是晋南的池盐,商王朝晚期则转向东部沿海,大规模开发、利用了渤海西岸和南岸的海盐资源。

近十几年来,北京大学考古文博学院、山东省文物考古研究院等文博单位在山东省昌邑、寒亭、寿光等县市横跨300余公里的滨海平原和滩涂地上进行系统考古调查,发现了央子、巨淀湖、双王城等20多处晚商时期制盐作坊聚落群(图4)。"黄河三角洲古代盐业遗址群"入选"全国三普百大新发现",2008年的寿光双王城商周盐业遗址发掘还被评为当年的全国十大考古新发现。考古系统调查、勘探和大规模发掘显示,每一制盐作坊聚落群的分布范围从上百平方公里、数十平方公里至数平方公里不等,每处包含了数十个制盐作坊,总数超过500个

图4　渤海西岸、南岸考古发现的制盐聚落群及内陆聚落分布示意图

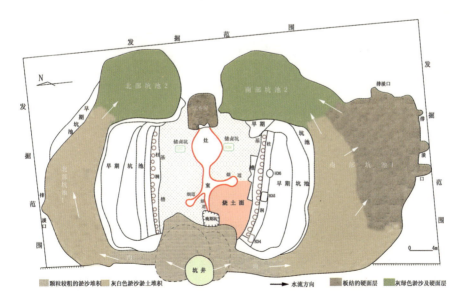

图5　晚商时期单个制盐作坊结构示意图

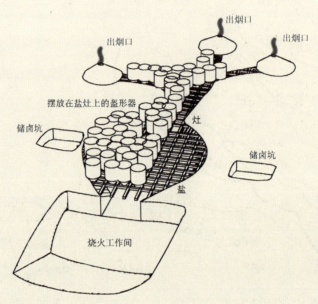

图6 商代盐灶煮盐示意图

图7 商代煮盐工具陶盔形器

制盐作坊；每个制盐作坊单元由地下卤水坑井、数百平方米的沉淀池与蒸发池、储卤坑以及巨型盐灶、盐棚等构成（图5），面积在4000—6000平方米，非常有规律，应存在着统一规制；每座单体盐灶面积就达30—40平方米。据测算，每座盐灶置放的煮盐工具陶盔形器数量在150—200个（图6），每盔形器盛盐5—7斤（图7），每灶一次举火煮盐就获食盐上千斤，整个渤海西岸和南岸年产量应达数十万斤以上。据制卤和煮盐过程以及运送盐制品与盔形器所需人数计算，每个制盐作坊需盐工10人左右，而商王朝控制的整个沿海地区，直接从事盐业生产的人数应在5000人以上，规模是非常巨大的。

围绕着制盐作坊聚落群，在靠近内陆的滨海平原上还发现了数量相当的聚落群，这里是盐工夏季、冬季定居地，盐工在这里为盐业生产准备肉食和烧制煮盐工具（图4）。相邻内陆腹地的河北沧州、鲁西北、鲁北等地区的晚商文化聚落比中商时期骤然增至400余处以上，人口数量明显增多，经济与文化空前繁荣。这些聚落居民种植粮食为盐工提供生活和生产物资（如木材等），并承担向内陆运输盐制品的任务。来自殷都及周边地区的王室成员、官员、军队首领如䲨、戎、己并、卤、融、戎宁等（图8）居住和驻扎在沿海平原及相邻内陆高等级聚落和重要交通枢纽地区，他们保卫、控制、管理着盐业生产、食盐调配和外运。食盐等通过古济水、古黄河及其支流如九河源源不断运往殷都安阳和中原腹地（图9）。

殷墟卜辞中记录了商王朝在渤海沿岸一带的盐业活动。卜辞提及，商王非常重视盐业，曾帅兵东巡海隅产盐之地，在此振兵田猎，保护盐田；商王还派重臣舄负责敛取或运输盐卤。商王朝内有主管盐业的专职官吏小臣卤，商王还把小臣卤分封在黄河三角洲距滨海盐业生产较近的山东滨州一带。

图8 渤海西岸、南岸内陆地区出土晚商铜器上族氏或职官

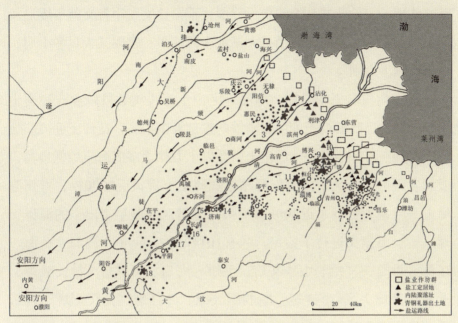

图9　晚商时期食盐等内运示意图

海洋产品维持着商王朝政治统治

渤海和黄海浅海、沿岸滩涂地上生长着各种贝、螺、海扇和鱼。据勘察，渤海西岸和南岸地区滩涂地上，至少有三条形成于距今6000—4000年的贝壳堤裸露在地表上，其上堆积着成千上万吨贝壳。海贝螺扇的外壳质地坚硬、不易损坏和腐烂，光泽鲜亮、表面瓷滑，纹理多样，外形奇特，形体轻小，易于携带，深受夏商周时期人们的喜爱。加之这些贝螺来源于遥远的海洋，不易获得，比较珍奇、稀罕，因此被视为贵重物品，作为财富的象征，用作人以及车马上的重要装饰品，用来表达不同社会等级和身份，并广泛用于祭祀和宗教等礼仪活动。值得一提的是，某些宝螺即货贝还作为流通、支付、储蓄并体现一定价值或功能的货币，殷代铜器铭文和甲骨文就屡屡提及取贝多少个、多少朋，赐予某人某地生产的贝，赏赐某人贝多少朋，最多达到上百朋。

夏王朝和商王朝早期，中原地区出土海贝类数量较少，种类也不多。但是，随着商王朝中期疆域向东部海滨扩张，在商王朝控制版图内尤其在安阳殷墟等地已出土了数以十万件之多的海贝蛤螺扇类，殷墟发现的商王武丁之妻妇好墓就随葬出土货贝近7000枚，青州苏埠屯一号墓葬随葬了近4000枚海贝。学者对殷墟早年出土的海贝、螺、蛤、海扇类进行了鉴定，共有10科21种，见于今渤海、黄海、东海。青蛤、文蛤、中华文蛤、毛蚶、海扇、笋螺科（杜氏笋螺、近平点笋螺）、纵带锥螺、纵肋织纹螺、脉红螺、托氏珺螺、扁玉螺、多形滩栖螺等（图10），均见于渤海泥沙底海岸和海滩以及贝壳堤上，也见于滨海的商文化聚落内。商末铜器赏赐海贝铭文中，往往在贝前加注地名以说明贝的来源或产地，所提到的东贝、夒贝、奚贝的产贝地名，均位于东方地区。传山东梁山出土的小臣艅犀尊上铭文记载，在商王帝乙或帝辛十五年征伐夷方归来的路上，商王巡视了夒地，并赏赐小臣艅夒地产的海贝。夒地靠近夷方，又出产海贝，应靠近海边不远。此外，安阳殷墟还出土了一定数量的鲸鱼和鲻鱼骨骸，也应来自冀东和鲁北沿海。也就是说，商王朝不仅在渤海西岸、南岸开发盐业资源，也捕捞、采集海贝螺和鱼类资源。

数量较多的阿拉伯绶贝、大贝、宝贝、货贝、黄宝螺、金环宝螺、榧螺等，表面瓷白色或淡黄色，背部大多琢有一孔，可穿系，在商周时期被作为货币或具有货币功能。这些贝螺类多生活于热带和亚热带暖海区。据鉴定，这些贝螺类分布在今我国台湾海域、南海以及

框螺

宝贝

货贝

笋螺类

毛蚶

中华文蛤

锥螺项链

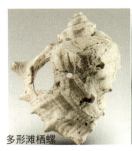
多形滩栖螺

脉红螺

文蛤

图10　安阳殷墟出土的海贝蛤螺蚶类

孟加拉湾、阿拉伯海的西北海湾等。由于那里还不是商王朝直接控制的领土，这些货币类贝螺应是通过长途贸易或者其他方式获得的。

因此，就考古材料而言，商王朝在中晚期就把疆域扩张到东部滨海一带，大规模开发和利用海洋资源，发展海洋经济和贸易活动。同时，海洋产品和海洋经济在维持商王朝政治、经济与社会运转方面发挥了重要作用。

（作者系国家社科基金重大项目"渤海南岸地区盐业考古资料的整理与研究"首席专家，山东师范大学教授）

海昏侯墓园考古与西汉史的新知

王子今

　　西汉海昏侯墓园考古发掘工作自2015年报道以来，社会关注热度不减。该墓园考古的学术价值在于为说明西汉中晚期的文化史、经济史和中外交流史，提供了前所未有的实证资料，并图绘了帝制初期上层权力争夺的史迹。

　　海昏侯刘贺在多大程度上受到儒学的影响？刘贺对江南农耕经济有什么贡献？西北丝绸之路曾经给刘贺的生活带去过什么样的异域文化讯息？刘贺速败后其家族命运的最终走向是什么？让我们一同去领略两千余年前那座高等级墓园的风采。

　　秦汉时期，中国文化进程发生显著的转变。对于由秦而汉的历史演进，清人赵翼有"盖秦、汉间为天地一大变局"的说法。他说，"自古皆封建诸侯，各君其国"，"积弊日盛"，"七国""战争"已显现"其势不得不变"。"秦皇尽灭六国，以开一统之局"，后来"汉祖以匹夫起事，角群雄而定一尊"，"其臣亦自多亡命无赖之徒"。"天之变局，至是始定。"秦汉政治变革，显现"天意已另换新局"，而文化

图1　海昏侯墓主墓正射影像图（郭晶摄）

态势与经济水准，也发生了重要的变化。

秦汉考古收获，对于说明这一历史阶段的进步，提供了确定的证明。而海昏侯墓园的考古成就，就是典型实例之一（图1）。

儒学普及的社会表现

汉武帝"罢黜百家，表章'六经'"、"推明孔氏，抑黜百家"以来，儒学地位逐渐上升，占据了社会意识形态的正统地位。这一变化，影响了中国古代思想史的基本格局。海昏侯墓出土的许多文物，可以作为这一历史进程非常重要的实证。

在刘贺生活的年代，儒学究竟形成了怎样的社会影响，文献资料并不能提供很多的说明。"昭帝时举贤良文学，增博士弟子员满百人，宣帝末增倍之。"当时太学规模不过百人。这与成帝末"增弟子

图2　《论语·雍也》竹简

员三千人"比较，人数高下非常悬殊。我们看到史书中有刘贺"诵《诗》三百五篇"的记录，而海昏侯墓出土文物，则通过5200余枚竹简和近百版木牍（图2），提供了非常具体、确定的信息。已经有学者明确论说，刘髆、刘贺父子因当世大儒的教授，"得以汇通'六艺'、兼习'五经'"。通过当时"贵族官学传承"的视角观察，刘贺显现出"儒生形貌"。"墓中所出简本《易》《春秋》《诗》系于王吉，《诗》《礼》又见于王式"的情形，可以修正"汉博士皆专经教授"的成见。"简本所见西汉前、中期《诗经》《论语》乃至《礼记》等'六艺'典籍流传的复杂情况，远非《汉书·艺文志》的概略归结所能总括。"①

海昏侯墓出土大量的儒学典籍，可以看作文化史的时代标志。这些发现可以给予我们对于西汉儒学社会影响的全新观感。海昏侯墓出土简牍的整理者还指出，篇题为《王会饮仪》的一类文本可以说明当时各项礼仪的施行，都有成文的"仪"类文献以为规范②。这无疑也为认识当时社会礼俗的一个重要方面打开了新的视窗。出土以孔子形象为主题的衣镜（图3），受到学界注意。有学者指出，"孔子及其弟子画像"以及相关文字，"表明墓主刘贺深受孔子思想的影响"，甚至"暗含着墓主被废帝位后曾有过深刻的反思，以孔子的话语检视、约束自己"③。

儒学在东汉社会已经非常普及。史籍载录私学规模能够达到弟子"著录且万人"，诸生"著录前后万人"，门徒"著录者万六千人"。前溯至西汉晚期，可以看到长安太学生发起学潮的记载④。通过海昏侯墓园的考古收获可以得知，儒学对于思想界、文化界的深刻影响，是首先在社会上层即贵族集团中有所表现的。

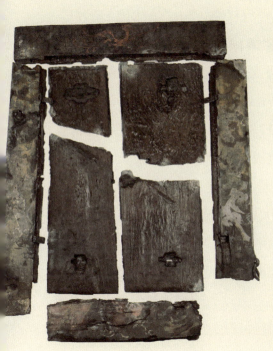

图3-1 孔子徒人图漆衣镜（正面）

图3-2 孔子徒人图漆衣镜（背面）

江南经济振兴史的初叶

刘贺作为"废放之人屏于远方，不及以政"，被安置在豫章郡。如司马迁所说，"衡山、九江、江南、豫章、长沙，是南楚也"，而"江南卑湿，丈夫早夭"，据司马迁说，这里"地广人希，饭稻羹鱼，或火耕而水耨，果隋蠃蛤，不待贾而足"。刘贺"就国豫章"时"食邑四千户"。其实际经济权益，由"汤沐邑二千户"（或说"三千户"）大幅度增加。"海昏"地名，王莽时改称"宜生"，可知环境条件有所改善。两汉之际，因多方面的原因，北方移民大规模南下。我们比较汉平帝元始二年（2）和汉顺帝永和五年（140）两个户口数字，138年之间，豫章郡户数增长了502.56%，口数增长了374.17%。在江南九郡国中，增长幅度仅次于零陵郡。而这一时期全国户口呈负增长趋势，分别为−20.7%和−17.5%。当时，豫章郡接纳了大量的南迁人口，生态环境"宜生"的条件无疑是非常重要的。

刘贺"食邑四千户"，应当是当时江南地方最富有经济实力的贵族。刘贺"就国豫章"，对于海昏地方劳动力的增加和生产经验的传入，应当有积极的作用。刘贺回到昌邑时，"故王家财物皆与贺"。但是海昏侯墓出土的大量资财，未必完全是他所继承的"故王家财物"，应当也包括在"海昏"地方的开发和积累。

海昏侯墓发现随葬的"水稻、粟、大麻、甜瓜、梅等五种可食用植物遗存"⑤。北方和南方农耕技术的结合可以因此得到反映。

后来刘贺言辞被举报，受到"削户三千"的处罚，户数竟然被削夺了75%。这是非常严酷的惩治方式。不过，这"三千"户百姓应随即成为豫章郡行政区内由朝廷直接管理的编户齐民，豫章海昏地方的农耕经济实力并不会因海昏侯国"削户"而受到损伤。

　　傅筑夫曾经指出，自两汉之际以来，江南经济确实得到速度明显优胜于北方的发展，"从这时起，经济重心开始南移，江南经济区的重要性亦即从这时开始以日益加快的步伐迅速增长起来，而关中和华北平原两个古老的经济区则在相反地日益走向衰退和没落。这是中国历史上一个影响深远的巨大变化，尽管表面上看起来并不怎样显著"⑥。分析这一"巨大变化"，应当关注海昏侯国所在"豫章"地方的经济史坐标的意义。

海昏侯墓出土文物所见丝路史信息

　　北方草原民族习用的金属牌饰，常见采用表现动物形象的图案。有学者指出，"饰有回首式动物纹的马具"，"多出于今蒙古、俄罗斯境内的匈奴贵族墓葬中"。海昏侯墓出土的银质当卢（图4）可能是最早的内地出土的"带有回首式走兽纹的马具"，其"图像母题的渊源"，可以追溯到"北方和西北地区"，"是斯基泰风格、鄂尔多斯式铜器在汉代的延续"⑦。墓主可能为刘贺长子刘充国（图5）的海昏侯墓园5号墓，清理时发现随葬多种玉器。经分析，"约240件加工成器中，约70%为和田玉"⑧。墓中所出玛瑙（图6），有可能来自更遥远的丝绸之路路段。凡此诸多现象，可以充实我们对于丝绸之路史的认识。

　　海昏侯墓出土金器的装饰形式之所谓"花丝装饰"，有的学者认为可以看作汉王朝与"希腊化世界"之"交往"的文物证据⑨。有学者称之为"花丝工艺""花丝技法"制作形成的"组合纹样"（图7），并判断所采用的是"中国传统细金工艺"⑩。类似讨论，还有必要深

图4　大角羊银当卢

图5-1　刘充国银印

图5-2　刘充国银印

入。有学者还注意到"海昏侯墓出土虫草",并论证"青藏东部缘边地带和中原内地的虫草贸易",注意到"氐""羌"在"今河湟地区、甘南草原及川西地区与关中、成都平原之间"的交通与贸易活动中的作用⑪。这当然也是丝绸之路史考察应当关注的主题。

图6-1　贝形玛瑙饰

图6-2　管形玛瑙珠

图6-3　玛瑙珠

海昏侯墓出土的作为编钟架构件的鎏金青铜钩取骆驼造型（图8），是长江流域较早出现的显示骆驼形象的文物。汉宣帝平陵从葬坑出土骆驼骨骼引起重视。而年代更早的海昏侯墓的这一发现，对于丝路史考察的意义尤为重要。有迹象表明，西北丝绸贸易的主线与四川平原有交通联系。成都附近出产的"广汉八稷布"在河西有集中的消费记录。敦煌汉简中有以"驴五百匹驱驴士五十人之蜀"从事运输活动的简文，可知从敦煌至"蜀"，存在丝绸之路的支线。长江一线对于"西北边"的关注，有鄂城出土汉镜铭文可以反映⑫。而海昏侯墓园出土文物则为大江东下至于豫章地方所受西北草原丝路的文化影响也提供了证明。

帝制时代初期的权力与秩序

自秦始皇时代帝制成立，"皇帝并有天下，别黑白而定一尊"，最高执政者的绝对权力得到确定。然而帝权后来又曾有动摇，出现立"不当立"者而后又"诛二世"，"立二世之兄子公子婴为秦王"的情形。汉初吕太后执政终结之后的上层政局动荡也告知人们，帝制形态因帝权继承人的择定，可能出现变数。

刘贺入主长安，其实是汉文帝刘恒之后又一位诸侯王据帝位，承大统。霍光的权力起到了决定性的作用。据《汉书·霍光传》，汉昭帝去世，选择帝位继承人时，霍光否定群臣所议广陵王刘胥，称"承皇太后诏"，迎昌邑王刘贺入长安（图9）。然而刘贺"既至，即位，行淫乱"，霍光废刘贺。丞相杨敞等向皇太后的报告中说"陛下未见命高庙，不可以承天序"，"当废"。这一情节，以及刘贺最终被判定"不宜得奉宗庙朝聘之礼"，都特别值得注意。刘贺即位27日，受到指责1127事。被废黜11年之后，又封为海昏侯。"海昏侯墓出土金饼'海昏侯

图7　马蹄金、麟趾金一组

图8　鎏金骆驼形青铜笋簴钩

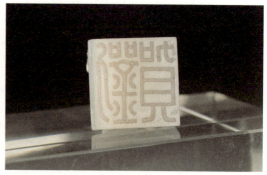

图9-1　"刘贺"螭纽玉印　　　　　　　图9-2　"刘贺"螭纽玉印

图10　墨书饼金

臣贺元康三年酎金一斤'字样表明（图10），在他封侯的当年，还制作了大量准备用于助祭的酎金"。海昏侯墓出土刘贺玉印或解读为"鸥纽""枭纽""鹰纽"，以为猛禽象征，有学者解释为与奏牍"南藩海昏侯"字样相关，表达了"效忠朝廷，做国之屏藩之态度"。但是"刘贺回归政坛中心之路"，已经被汉宣帝"彻底""堵死"⑬。相关政治史迹象，都还可以深入探究。

宋人洪兴祖讨论屈原《怀沙》的深意，分析政治实体的迅急崩溃，使用了"速亡疾败"一语。贾谊、司马迁形容秦政败坏，言"土崩瓦解"。西汉许多政论家仍然频繁使用"土崩""瓦解土崩"的说法回顾秦的短命而亡。司马迁对于汉初王侯政治命运，也提示其"殒身亡国""殒命亡国"的教训。刘贺家族的命运，也演示了败亡的"速""疾"。刘贺去世时年仅33岁。据考古调查和发掘可知，祔葬刘贺的几个儿子"还未及婚配"。"刘充国5号墓发掘结果"表明"为单人葬"，去世时"年龄当在13—15岁左右"。"6号墓墓主刘奉亲以及年龄更小的4号墓墓主也应没有婚配。""刘贺墓的几例祔葬可能是考古发掘所见早期殉葬墓的""珍贵的""实例"。研究者还推想，"作为小弟身份的4号墓墓主"，"大约是顶着海昏侯国国除后的日暮残云走向这个墓地的"，"场面冷落得多"⑭。然而，与刘贺家族"速亡疾败"大致同时，我们看到了其政治克星霍光家族的衰灭。霍光曾经"立帝废王，权定社稷"。但是他死后不过4年，其家族遭遇严酷的政治清洗，与霍氏相连坐诛灭者达数千家。5年之后，刘贺的生命走到终点。也就是说，刘贺衰年，看到了霍氏家族的败亡。

海昏侯墓园的考古发现，为说明西汉中晚期的文化史、经济史和中外交流史，提供了前所未有的实证资料。就帝制初期上层权力争夺的史迹，也描绘了多彩的画面。发掘工作正在进行。对于今后将获得的考古新识，学界和所有关心汉代历史文化的朋友都满怀期待。

（作者系国家社科基金重大项目"秦统一及其历史意义再研究"首席专家，中国人民大学教授。除图1外，本文图片均由南昌汉代海昏侯国遗址博物馆提供）

注　释

①杨博：《海昏侯墓出土简牍与儒家"六艺"典籍》，《江西社会科学》2021年第3期。

②田天：《西汉海昏侯刘贺墓出土"礼仪简"述略》，《文物》2020年第6期。

③王仁湘：《海昏侯墓孔子主题衣镜散论》，《中华文化论坛》2020年第5期。

④王子今：《王咸举幡：舆论史、教育史和士人心态史的考察》，《读书》2009年第6期。

⑤蒋洪恩、杨军、祁学楷：《南昌海昏侯刘贺墓粮库内出土植物遗存的初步研究》，《南方文物》2020年第6期。

⑥《中国封建社会经济史》第二卷，人民出版社1982年版，第25页。

⑦陈宗瑞：《两汉回首式走兽纹马具试析》，《故宫博物院院刊》2021年2期。

⑧江西省文物考古研究院、厦门大学历史系：《江西南昌西汉海昏侯刘贺墓出土玉器》，《文物》2018年第11期。

⑨刘艳：《汉帝国与希腊化世界的交往——再议海昏侯墓金器中的花丝装饰》，《早期中国研究》第4辑，2021年。

⑩杨一一等：《海昏侯墓出土马蹄金、麟趾金花丝纹样制作工艺研究》，《中国国家博物馆文物保护修复论文集》，2019年1月3日。

⑪李健胜、周连玉：《从海昏侯墓出土虫草看汉代虫草贸易》，《青海师范大学学报》2020年第5期。

⑫周新：《论鄂城汉镜铭文"宜西北万里"》，《南都学坛》2018年第1期。

⑬练春海：《海昏侯刘贺印印纽或为"鹰纽"》，《文汇报》2016年11月18日。

⑭张仲立：《海昏侯刘贺墓园五号墓初探》，《江西师范大学学报》2019年第4期。

史前中国文明的格局

陈胜前

> 格局决定高度。中国文明为什么能够绵延五千年，这是由其格局决定的。把握中国文明形成的格局，才能真正认识其特色。
>
> 中国文明在世界范围内处在何种位置？它是如何形成的？其格局究竟怎样？对后世的文明有着怎样的影响？让我们翻开史前一页，细察中国文明格局的本色。

在早期中国文明研究中，曾长期存在"中原中心论"的观点，研究者把关注的重心完全放在中原地区，似乎只有中原才有文明。这也是考古学家苏秉琦所批评的中国文明起源的两个"怪圈"之一①，因为越来越多的考古发现显示，中国文明起源的模式更像是"满天星斗"、"群星璀璨"。过去二十多年来，有关中国文明起源的考古发现迎来了前所未有的高潮，良渚、陶寺、石峁、石家河等古城及相关考古遗存的揭示，充分展现了早期中国文明丰富多样的发展模式。考古发现与研究显示，早期中国文明是一个存在密切联系的互动圈，是一个相对独立且完整的体系，但并不封闭。不过，中原中心论并没有完全消失，它的升级版就是"华夏—边缘"论，即认为农耕区的中国文明才是华夏中心，其余是边缘。同时把中国文明看作一种依赖农耕内陆文明，似乎与海洋文化没有关系，并将其视为中国文化后来落后的根源。这种考察的视角有失偏颇，与真实的历史不符，我们应该从更大范围的互动来考察中国文明的形成过程。20世纪末，中国考古学的泰斗苏秉琦先生在论及中国史前文化格局时提到，中国存在面向内陆与面向海洋两大板块。过去三四十年来，有关史前中国文明形成的研究，取得了很大的进展，但就中国文明形成的总体格局而言，既有研究多是立足于考古发现，还缺乏理论上的支持。这里拟从世界文明发展视野下，运用文化生态理论来考察史前中国文明形成的总体格局，希望能有助于我们更好地认识中国文明的范畴。

世界文明视野下的中国文明

从源流的角度来看，世界史前文明的发展格局大体可以分为两个层次。第一个层次是旧、新大陆的区分，即美洲大陆的文明与欧亚非大陆的文明各自独自发展，两者之间没有明显的联系。第二个层次是欧亚大陆东西两侧的区分，西侧的中心是西亚文明，以两河流域为中心，古埃及文明、古印度文明、古希腊文明都受到它的显著影响；东侧的中心是中国文明，以之为中心，在周边兴起一系列文明。

之所以形成这样的格局，其根源在于农业起源。农业是文明的基础，没有农业，就不可能形成文明。农业能够支撑更多的人口，能够产生生产剩余，使得部分人群脱离农业生产，转而从事手工业、行政管理、文化教育等活动，有利于社会复杂性的进一步提高。农业与文明的关系，一个经典例子就是比较澳大利亚与美洲，作为大洋洲主体的澳大利亚，早在四五万年前就已经有人类，比人类进入美洲的时间要早，但是这里没有出现文明。在欧洲殖民者到达澳大利亚的时候，这里生活的还是狩猎采集人群。相比而言，新大陆地区在墨西哥高原与安第斯山地区发展出来农业，尤其是在植物驯化方面对当代世界的贡献巨大。在此基础上形成了玛雅、阿兹特克、印加等文明。就欧亚大陆而言，在其西侧，西亚农业起源之后，逐渐扩散到尼罗河流域、印度河流域，并通过希腊半岛进入欧洲大陆。扩散的方式包括人群的迁徙与文化交流，古基因学、语言学与考古学研究都支持这样的认识②。欧亚大陆东侧也同样如此。

农业生产的发展水平会影响到文明的复杂程度。非洲大陆除开尼罗河流域，文明发展进程相对迟滞，究其原因，农业发展受限是主要影响因素。美洲大陆因为缺乏可以驯化的大型哺乳动物，因此缺乏畜力，耕种与运输都受到较大的影响；同时，这里也缺乏有利于运输的河流。维系文明所需要物质交流更多处在象征层次上，社会整合的程度较低，在此基础上形成的文明在面对西方殖民侵略时显得非常脆弱。更进一步说，农业生产的形态还会影响文明发展的特点。西亚地区发展起来的农业模式是作物农业与畜牧业分化，但两者存在显著的矛盾，从事两种生计方式的群体需要通过交换来实现互补。而在中国发展起来的古代农业，不论是北方的旱作农业，还是南方的稻作农业，都发展出来自给自足的农业生产方式，作物种植的同时，饲养少量不影响（甚至是有利于）作物种植的动物。两种农业生产形态深刻影响了后来东西方文明的特性。

欧亚大陆东西两侧文明各自独立发展而来，没有充分证据证明欧亚大陆的文明是单中心起源的。一个直接的理由就是，两个地区的农业是独立起源的。两个地区的文化区分甚至可以追溯到旧石器时代。

整个旧石器时代，欧亚大陆东侧的石器技术传统与西侧不同。即便到了旧石器时代晚期，全球出现石器的细小化现象，两个区域还是有所不同，西侧占主导地位的是细石器技术（microlithic technology），东侧是细石叶技术（microblade technology），两者的工具加工习惯有所差别③。当然，欧亚大陆东西两侧之间并不像旧、新大陆那样存在显著的隔绝，两者之间至少存在两条可以沟通的通道。一条是欧洲草原带，这是史前的"丝绸之路"，在马、牛驯化以及有轮车辆出现之前，东西两侧的交流还比较困难，交流是断续进行的，其时间尺度是以千年、万年来计算的，解剖学上现代人可能利用这条路线扩散。另一条是沿海的通道，这可能是"海上丝绸之路"的最初形态。现代人走出非洲过程中用到这条通道，四五万年前人类进入澳大利亚必定要穿越一段开阔海洋，没有舟楫的帮助是不可能的，因此，有理由相信人类早在这个时候就能够在海洋上航行（人类也可能通过此种方式进入美洲）。通过两条通道，欧亚大陆东西两侧在史前时代保持着一定的联系。

史前中国文明的四大文化生态板块

由于文明的基础是农业，而农业是一定区域自然环境条件与人类文化发展相互作用的结果，因此形成文化生态关系。自20世纪中叶人类学家朱利安·斯图尔特（Julian Steward）提出文化生态学以来，它成为解释区域文化差异的重要理论基础。中国与西亚是世界上最早的两个农业起源中心，这两个地方都有适合驯化的动植物物种。考古发现与DNA研究都表明狗的驯化早在旧石器时代晚期已经出现，这说明人类早就知道驯化是什么。更新世结束，旧石器时代人类所依赖的动植物群发生了重大改变，此前所采用的高流动性策略（中国北方以细石叶技术为代表，长江中下游以石片技术为代表）难以为继。人口、有驯化潜力的动植物、全新世更加稳定的气候等等条件协同作用，推动了农业起源。农业开启了人类利用环境的全新方式，它所能支持的人口密度远高于狩猎采集等方式。到了新石器时代中期，农业生态文化系统形成，驯化的动植物相互补充，狩猎采集在生计中所占比例退居次要地位，聚落形态、社会结构、意识形态等都发生深刻改变。以这样的农业文化生态系统为基础，文明开始起源。同时，不同农业文化生态系统深刻影响所支持的文明形态。

立足于文化生态理论原理，我们可以把史前中国文明的发展分为四大板块：东南板块、西北板块、生态交错带板块、海洋板块（或称海陆交错板块）。不同板块的文化生态条件存在明显差异。东南板块适合农耕，能够支持较为稠密的人口；西北板块以草原荒漠为主，更适合游牧；生态交错带板块是指大致沿着黑腾线（黑河—腾冲）分布的农耕与游牧的交界地带；海洋板块也是一个文化生态交错带，是陆地与海洋的交汇地带，兼有陆地与海洋资源，滨海环境初级生产力高，是许多鱼类、鸟类及其他动物的宜居栖居地，是人类可以长时间稳定利用的生活区域。四大板块之间存在密切的互动，构成史前中国文明的基本文化生态框架，也是中国文明发展的基本格局。从考古发现来看，史前中国文化的发展历程清晰地显示了中国文明正是在这样的格局中形成了多元一体、开放包容的基本特征。

农耕的东南板块

东南板块是指黑腾线生态交错带以东、以南区域，这是农耕文明的核心区域。中国作为最早的两个农业起源中心之一，同时拥有华北的旱作农业与长江中下游稻作农业两个起源区。事实上，距今一万年前后的旧、新石器时代过渡期，在华南地区还发展了一种依赖根茎种植与水生资源利用的园圃农业。根茎作物是无性繁殖，因此，即便已经驯化，也很难看到证据。东北地区距今六千年前后才开始出现农业，但这里的土壤与水热条件适合农耕，后来也发展成为农耕区域。东北地区在旧、新石器时代过渡期通过依赖水生资源，发展出来一种定居的狩猎采集经济，又称为"渔猎新石器文化"④。以之为经济基础，形成了较为复杂的社会组织形态。尽管东南板块的各个区域农业开始的时间并不相同，生业形态也各有差异，但是其新石器文化普遍具有较高的定居性，这构成了东南板块显著的共性，农业最终成为这个板块主要的经济形式。

目前的考古发现与研究充分地展现了农业发展与文明起源之间的关系。东南板块的核心是黄河与长江中下游地区，这两个区域是农业起源的中心地带，也是文明起源的中心区域。考古证据显示中国文明的起源中心不止一个，而是有多个，尤为重要的是，每个文明起源中心都有其完整的新石器时代文化发展序列。辽西地区的红山文化进入文明阶段，在此之前有赵宝沟文化、兴隆洼文化，它们构成辽西地区的新石器时代一脉相承的传统。长江下游的良渚文化以其规模壮阔的城市、工程巨大的水利系统、等级清晰的墓葬制度等清晰地显示了五千多年前中国文明的发展水平，而向前追溯，还有松泽文化、马家浜文化、河姆渡文化、跨湖桥文化、上山文化，一直延伸至距今一万年前后，这些文化之间也是一脉相承的关系，非常清楚地显示了文明是如何从萌芽到形成的。其他地区同样如此。20世纪70年代末，苏秉琦先生提出区系类型理论，他所提的六大区系中的五个都各自形成了文明发展的脉络⑤。这些新石器时代的考古学文化都是以农业为基础的。不同地区具有不同的文化生态条件，史前农业的基础条件、发展速度、发展水平并不一致。如辽西地区是农业生产相对边缘的地带，因此红山文化的经济基础较为薄弱，在文明发展进程中更强调以祭祀的形式来实现社会整合的目的。长江下游良渚文化与长江中游石家河文化的文明发展都是以稻作农业为基础，经过一段时间繁荣之后，其文化生态条件恶化（如人口扩张，进入洪水容易泛滥的区域），文明衰落，中原地区以其更有利的文化生态条件，成为文明发展的核心区域。

占半壁河山的西北板块

西北板块以草原、荒漠、高原等地形为主，受温度、降水条件的影响，这里的初级生产力较低，动物群流动性大。与之相应，栖居在这一地带的早期人类流动性也较大，有利于文化传播。早在旧石器时代晚期，这个地带就存在明确的史前文化传播的证据，以勒瓦娄哇技术为特征的莫斯特石器工业出现在新疆吉木乃的通天洞、内蒙古东乌珠穆沁的金斯泰、赤峰的三龙洞、宁夏灵武水洞沟等遗址中，某种意义上说，这是旧石器时代的"丝绸之路"。距今五千五百年前后，随着马的驯化，欧亚大陆的沟通条件大为改善，东西方的文化交流更加便利，大小麦、牛羊等驯化物种陆续传入中国，促进了中国文明的发展。有了马牛羊等物种，人类稳定利用草原地带成为可能，随后在这一地区青铜文化的基础上发展出游牧政权。由于游牧经济并不是自给自足的，一方面需要与农耕群体发展贸易交换；另一方面，游牧群体利用骑射的优势形成劫掠的传统。交换与战争构成了西北板块与东南板块互动的主要方式，而从文化生态学的角度来看，它们又构成了共生（symbiosis）的关系。需要强调指出的是，西北板块不是东南板块或者说华夏的边缘，而是与东南板块相互依存的文化体，是华夏文明的另外一半。在中国文明形成过程中，它参与其中，而不是置身于外的。它参与构建了早期中国文明，也塑造了历史时期中国文明的基本旋律。

　　一个直接的考古证据就是石峁遗址以及周边一系列城址的发现。石峁文化作为一个文明起源中心，并不在苏秉琦先生所提出的六大区系类型之内。一个合理的解释可能是，它是东南板块与西北板块相交融的产物，否则很难回答为什么在这个农业生产的边缘地带出现如此发达的文明，而且没有辽西那样完整的新石器时代文化发展序列。还有一个现象非常值得注意，民族志上没有草原地带的狩猎采集者，尽管有考古证据显示旧石器时代这个地区就有人类生存。草原的文化生态条件较为恶劣，如果没有农业（包括畜牧、游牧经济在内），人类很难稳定地利用这片广袤的区域⑥。换句话说，人类对草原地带的稳定利用是农业生产内部分化的产物，最早西亚地区从农业中分化出畜牧业，这样的发展同样见于中国北方与草原地带交界的地区，其中经历了从畜牧到游牧的发展过程。农业群体的影响还表现在青藏高原的拓殖上，目前在青藏高原发现了一些旧石器时代人类生存的证据，不否认在气候适宜时期食物丰富的季节，人类可能利用青藏高原。但是从狩猎采集者的文化生态原理来看，这里的初级生产力相当于北极地区，而且高原缺氧的环境还会限制人类的行动能力，长年稳定利用是非常困难的。体质人类学、基因学、语言学等多学科的证据都表明，青藏高原长期居住的人群更多来自农业群体，尤其是中国北方地区⑦。从这个角度说，西北板块的充分利用与东南板块的农业分化相关。

作为枢纽的生态交错带板块

需要注意的是，西北板块与东南板块的互动并不是直接发生的，而是通过从东北到西南的生态交错带地区实现的，这个地区堪称中国文明演进的"枢纽"。早在20世纪80年代，童恩正注意到早期中国从东北到西南存在一个半月形文化传播地带。英国考古学家杰西卡·罗森称之为"中国弧"，是连通欧亚大陆东西文化的桥梁⑧。文化生态交错带（ecotone）同时具有两个生态区的资源，相比于单个生态区的资源种类更丰富，但是由于它处在两个生态区的交界地带，随着气候环境的变化，这个交界地带的位置频繁迁移。因此，其资源供给具有不稳定性的特征。生活在这个地带的史前人群，需要根据环境的变化不断调整其文化适应方式。调整的方式不仅仅包括生计方式的改变，还包括人群的频繁流动。这一特征在辽西地区新石器时代考古材料中可以清楚看到，当时人们在狩猎采集与农业之间徘徊，相对于华北地区，其人群迁居的频率更高。

生态交错带是一个人类文化适应不稳定的区域，也正是因为这种不稳定性导致西北板块与东南板块之间产生更多的互动。也正是在这个意义上，它成为文化交融的地带，成为中国文明演进的"枢纽"。早在旧石器时代晚期晚段，也就是距今两万六千年前后，细石叶技术就在这个地带起源。不过，当时的气候正在进入末次盛冰期，气候寒冷，生态交错带位于如今的华北地区。细石叶技术融合了欧亚大陆西侧与华北本土的石器技术，是在两者基础上的创新发展。进入全新世，农业时代开启，在气候温暖湿润的时候，农耕文化入驻这个板块；在气候干冷的时候，西北板块的文化控制这里。在历史时期，它又是西北与东南两大板块争夺的过渡区域。受气候的影响，这个弧形地带的变化范围始终不定，也正是因为这种模糊的空间范围，导致西北与东南板块人群在这个地带进行频繁的互动。这个地带作为史前中国文明发展的枢纽，把东南与西北板块紧密联系在一起。历史上的中国，疆域广阔朝代的都城位置大多靠近这个地带的边缘，如汉唐的长安，元明清的北京，由此加强东南与西北板块的联系。

被忽视的海洋板块

相比其他三个板块，海洋板块更少受到重视。这里有个原因，海平面在末次盛冰期时下降了一百多米，几乎全部的渤海、黄海，近一半的东海，三分之一的南海都变成了陆地。有研究表明末次盛冰期时代这个区域可以支持以渔猎为生的复杂狩猎采集者社会。随着末次冰期的结束，海平面上升之后，这些复杂的狩猎采集者向内陆地区迁徙[9]。一方面会带来人口密度的提高，以华北地区为例，即便当时人口零增长，人口密度也会因此翻番；另一方面，他们会把社会复杂性带到内陆地区，导致社会竞争加剧，农业起源会因此加速。如果这个推断合理的话，那么就可以说，海洋板块曾经在史前中国农业起源过程中发挥了重要作用。这个推断可以解释"上山文化之谜"。上山文化作为发现于浙江地区的新石器时代文化，其年代较之发展水平相似的其他新石器时代文化（如彭头山文化、后李文化、兴隆洼文化等）要更早。上山文化的陶器组合类型丰富，器型硕大，部分器物如壶，制作精致，完全不像是最早阶段的新石器时代文化；此外，目前还发现上山文化时期能够酿酒的迹象（如义乌桥头遗址）。这些特征可能与"宴飨"行为有密切的联系，代表当时的社会存在一定的社会复杂性，而这正是海岸狩猎采集者文化适应的重要特征。从这个角度来看，海洋板块开启了中国文明的进程。如今这个地带基本都已经为海洋淹没，未来的中国的水下考古或许可以将之作为一个重要课题进行研究。

　　长期以来，中国文明都被视作农耕文明，与海洋似乎没有什么关系。距今六千年前后，史前中国农业的文化生态系统成熟，除了有驯化的动植物、相应的工具，更重要的是，还形成了相应的社会组织、耕作制度以及意识形态。史前中国农业的文化生态是以自给自足农业为基础的，即作物种植的副产品可以用来饲养动物。我们从考古材料上可以看到，这套系统成熟之后，农耕文化就开始扩散。北方地区的庙底沟文化达到了前所未有的广阔范围。南方地区发生了更加规模宏大的文化扩散，稻作农业与家畜饲养经济先传播到台湾，然后经由菲律宾群岛扩散到整个大洋洲地区，向西至非洲的马达加斯加，向东至夏威夷、复活节岛，这也就是著名的南岛语族扩散事件。水稻如今是全球一半人口的主食，正是通过这次大规模的文化扩散事件，稻作传播到了东南亚、南亚、大洋洲的许多地区⑩。通过海洋，史前中国文化产生了深远影响。近现代以来，这个板块成为东西方文明的主要交汇地带，是改革开放的前沿，深刻影响了当代中国的发展。因此，我们没有理由认为早期中国是一个内陆文明，海洋板块也是中国文明不可分割的一个部分。

结　语

　　当代中国处在百年未有之大变局，曾经在一百多年的时间里，中国文明被贴上各种标签，用以标识中国落后的形象。2021年是现代考古学在中国发展的一百周年。一百年来，经过几代考古学家的努力，我们日益认清史前中国文明宏大的格局，其多元一体、开放包容并不限于若干个文明起源中心之间，而是由四大板块构成的。这一文化发展格局更符合考古材料所呈现的特征，也更有利于我们摆脱过去所附加的种种标签——不是基于事实而是基于偏见的判断。在新时代背景下，我们有理由相信，历史悠久的中华文明将历久弥新，在更宏大的格局中取得更大的发展。

（作者系国家社科基金重大项目"新时代中国特色考古学理论体系研究"首席专家，中国人民大学教授）

注　释

①苏秉琦：《中国文明起源新探》，北京：生活·读书·新知三联书店，1999年。

②D. R. Harris(ed), *The Origins and Spread of Agriculture and Pastoralism in Eurasia*. Washington: Smithsonian Institution Press, 1996.

③罗伯特·G. 埃尔斯顿、史蒂文·L. 库恩主编：《小工具大思考：全球细石器化的研究》，陈胜前译，上海：上海古籍出版社，2019年。

④赵宾福：《嫩江流域新石器时代生业方式研究》，《考古》2007年第11期。

⑤苏秉琦、殷玮璋：《关于考古学文化的区系类型问题》，《文物》1981年第5期。

⑥L. R. Binford, *Constructing Frames of Reference: an Analytical Method for Archaeological Theory Building Using Ethnographic and Environmental Data Sets*. Berkeley: University of California Press, 2001.

⑦陈胜前：《史前的现代化：从狩猎采集到农业起源》，北京：生活·读书·新知三联书店，2020年。

⑧J. Rawson, "China and the steppe: reception and resistance," *Antiquity* 91: 375-388, 2017.

⑨J. d'Alpoim Guedes, J. Austermann, J. X. Mitrovica, "Lost foraging opportunities for East Asian hunter-gatherers due to rising sea level since the Last Glacial Maximum," *Geoarchaeology* 31: 255–266, 2016.

⑩彼得·贝尔伍德：《最早的农人：农业社会的起源》，陈洪波、谢光茂等译，上海：上海古籍出版社，2020年。

从考古发现看8000年以来早期中国的文化基因

韩建业

世界几大古老文明当中，为何只有中华文明数千年生生不息、长盛不衰？为什么只有中华文明是有中心的多元一体结构？答案就在于中华民族独特的文化基因。

百年以来，在几代考古学家的艰苦努力下，中国考古学取得了巨大成就，其中一个重要贡献就是，让我们逐渐看清了中华民族的文化基因，竟可追溯到距今8000多年前。

百年以来，在几代考古学家的艰苦努力下，中国考古学取得了巨大成就，其中一个重要贡献，就是让我们逐渐看清了早在史前时期，就已经形成了多支一体有中心的文化意义上的早期中国，成为夏商周王国以至我们现代统一的多民族国家的基础。从距今8000多年文化上早期中国的萌芽，距今6000年左右文化上早期中国的形成，到距今5000多年早期中国文明的形成，距今4000年以后早期中国文明走向成熟，长达数千年的时间里，早期中国经历了跌宕起伏的连续发展过程，锤炼出了有别于世界上其他文明的特质，成为"中华民族生生不息、长盛不衰的文化基因"。

　　早期中国及其文化基因的形成，与地理环境和气候有很大关系。中国是世界上最广大的适合发展农业的地区。早在距今一万年左右，中国南方和北方就分别发展出了世界上最早的稻作和粟作农业，距今8000多年前后，以黄河、长江流域为主体的"南稻北粟"两大农业体系基本形成。因此，中国很早就形成了"以农为本"的基本观念，并在此基础上形成了独特的文化基因。

整体思维　天人合一

　　中国始终秉持一种整体性、连续性的宇宙观，这可能是因为庞大的中国农业社会对大自然的特别敬畏，或者是中国人因农时之需对天文历法的格外重视。这种整体性的宇宙观，本身就包含了整体思维、天人合一的文化基因。

　　距今8000年左右，在属于裴李岗文化的河南舞阳贾湖遗址，较大的成年男性墓葬中，就随葬骨规形器（图1）、骨律管（骨笛）（图2）等被认为可能用于观象授时的天文工具，中国天文学已初步产生。随葬装有石子的龟甲，龟甲上刻有字符，当与用龟占卜和八卦象数有关。龟背甲圆圜而腹甲方平，或许"天圆地方"的宇宙观已有雏形。在湖南洪江的高庙遗址，精美白陶上出现了最早的八角星纹图案，可能表达了八方九宫、"天圆地方"的空间观念；还有太阳纹、凤鸟纹、獠牙兽面飞龙纹以及天梯纹等图案，结合遗址"排架式梯状建筑"的存在，展现出浓厚的通天、敬天的原始宗教气氛（图3）。在辽宁阜新查海及附近遗址，也发现了石头摆塑的长龙和獠牙兽面龙纹形象。大体同时期，在浙江义乌桥头、萧山跨湖桥遗址，发现了

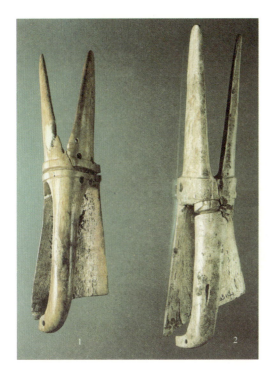

图1　贾湖遗址出土的
骨规形器

图2　贾湖遗址出土的骨笛（骨律管）

图3 高庙遗址的獠牙兽面飞龙纹和天梯纹

彩绘或刻划在陶器、骨器等上面的六个一组的阴阳爻卦画、数字卦象符号，和《周易》、八卦符号很像，与贾湖的龟占数卜当有密切联系。距今7000年前后，八角星纹、獠牙兽面纹图案在中国大部地区流行开来，表明"天圆地方"的宇宙观及其敬天观念得以大范围扩展传承，比如5000多年前安徽含山凌家滩的"洛书玉版"和兽翅玉鹰（图4），在它们的中央部位都雕刻有八角星纹图案。另外，在河南濮阳西水坡遗址发现距今6000多年的蚌塑"龙虎"墓，被认为将中国二十八宿体系的滥觞期提前了数千年。在辽宁凌源和建平交界处的牛河梁遗址，发现距今5000多年的由三重石圈构成的祭天"圜丘"或"天坛"，外圈直径恰好是内圈直径的两倍，和《周髀算经》里《七衡图》所示的外、内衡比值完全相同，被认为是"迄今所见史前时期最完整的盖天宇宙论图解"。

"天圆地方"的宇宙观，以及与此相关的观象授时、天文历法、象数龟占、阴阳八卦、通天敬天等，是一种将天地宇宙、人类万物统一起来的强调普遍联系的整体性宇宙观，是一种动态而非静止的宇宙观，是一种将原始宗教和数字理性结合起来的思维方式，在后世则被

图4　安徽含山凌家滩遗址的"洛书玉版"和兽翅玉鹰

归纳为"天人合一"思想。在这种宇宙观的支配下，我们的祖先对天地自然始终抱有敬畏之心，发展到《周易》《道德经》所代表的尊重自然、顺应自然、适时而为的世界观，阴阳互补、对立统一、变动不居的辩证思维，渗透到每一个中国人的血脉中，奠定了中国古典哲学的基石，引领了中国文明的发展方向，并产生了深远影响。

祖先崇拜　以人为本

　　农业生产需要一群人在一片土地上长期耕耘、繁衍生息，容易产生以共同祖先为纽带的延续性很强的血缘社会。早期中国作为世界上体量最大的农业文化区，形成祖先崇拜、以人为本的文化基因自然是在情理之中。

　　中国史前墓葬强调"入土为安"，有专门墓地，土葬深埋，装殓齐整，随葬物品，体现出对死者特别的关爱和敬重，应该也是现实社会中十分重视亲情人伦的体现，最早在裴李岗文化中就有体现。在河南新郑裴李岗、郏县水泉（图5）、舞阳贾湖等许多裴李岗文化遗址，居住区附近都有公共墓地，应该是同一群人"聚族而居，聚族而葬"的结果，体现了可能有血缘关系的同族同宗之人生死相依的亲属关系，将《周礼》记载的"族葬""族坟墓"习俗提前到距今8000年前。同一墓地分区或者分群，排列整齐，应该是现实社会中存在家庭、家族、氏族等不同层级社会组织，以及长幼男女秩序的反映。随葬较多特殊物品的大墓多为成年男性，说明一些宗族领袖的地位已经比较突出。同一墓地能够延续一二百年甚至数百年之久，可见族人对远祖的栖息地有着长久的记忆和坚守，可能也为后世子孙在这块土地上长期耕种生活提供了正当理由和"合法性"。裴李岗文化等的土葬、族葬习俗，在同时期的世界范围内具有唯一性，和西亚等地同时期常见居室葬、天葬、火葬，流行神祇偶像崇拜、追求灵魂净化的葬俗形成鲜明对照。

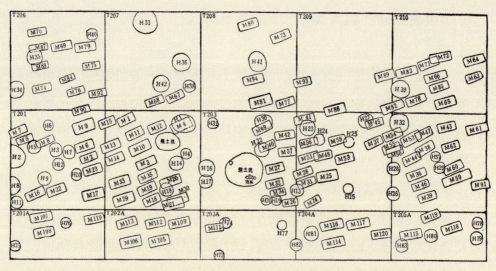

图5　郏县水泉墓地平面图

　　裴李岗时代形成的族葬、祖先崇拜和历史记忆传统，延续至新石器时代晚期，遍及大江南北，比如山东泰安的大汶口墓地，从距今6000多年到距今4000多年，延续长达2000年之久，始终是分区分群，排列有序。族葬习俗和祖先崇拜传承至商周以至于秦汉以后，就成为宗法制度、墓葬制度的源头，成为中国历史上宗族社会的根本。因此，祖先的谱系在文献记载和历史传说中占据核心位置。不管后来社会怎样重组，政权如何变化，这种基于祖先崇拜的"根文化"依然长久延续。

　　裴李岗时代的亲情人伦观念，发展到周代前后形成"仁""孝"观念，以及"民本"思想。由爱自己的家人，到国人，到人类，是为大仁；由敬养父母，到传承发展祖宗基业道统，是为大孝。周人有强烈的天命观，武王伐纣的理由就被认为是纣王"自绝于天"，周人心中是否受天眷顾的前提，当为是否"修德"，是否得到民心或者遵从民意，所谓"民之所欲，天必从之"。

追求秩序　稳定执中

　　中国超大规模的农业生产，需要超长时间的定居，需要不断调节社会内部秩序以保持稳定，逐渐形成了追求秩序、稳定执中的文化基因。中国人追求稳定秩序的另一表现，就是在数千年漫长的发展历程中，主体活动范围一直变化不大，基本没有大规模对外扩张的现象。"是不为也，非不能也"。

　　早期中国文化是世界上最为稳定、连续性最强的文化，在新石器时代一万多年的历史长河中，文化脉络连绵不断、民族主体前后相承，从未中断。陶器是一种简便实用而又容易破碎的器物，中国两万年前就发明了世界上最早的陶器，后来则成为世界上范围最大的陶器流行区，原因就在于早期中国的农业基础和稳定社会生活。距今5000多年的早期中西文化交流，只是将羊、牛、小麦等家畜和农作物传播到中国，并未改变早期中国以稻作和粟作农业为主体的基本产业格局，饲养的家畜也主要是依托于农业经济的猪。距今4000多年欧亚草原以马拉战车为特征的畜牧文化的扩张，对西亚文明、埃及文明、印度河文明等都造成了巨大冲击，在其刺激下也在中国北方长城沿线逐渐形成一条畜牧文化带，但这条文化带的人群构成、文化因素主要源于中国本土，从未因此动摇中国文化的根基。早期中国文化的稳定性、连续性特征，一直延续到秦汉以后。

中国最早的斧、锛、凿等石器，主要是建造房屋所用的木工工具，聚族而居是史前中国最主要的居住方式。在距今七八千年的内蒙古敖汉旗兴隆洼、兴隆沟和林西白音长汗等兴隆洼文化遗址，有外面围绕壕沟的村落，里面的房子排列整齐，中央一般有大房屋。这和同时期西亚等地比较随意的聚落布局有明显不同。在距今6000多年的陕西西安半坡、临潼姜寨、宝鸡北首岭等仰韶文化遗址，也都发现了环壕村落，比如姜寨环壕村落有五片房屋，每片房屋中都有大、中、小之分，大房屋可能是举行祭祀等公共活动的场所，几乎所有房子的门道都朝向中央广场，周边还有公共的制陶场所、公共墓地，看得出当时的社会向心凝聚、秩序井然。距今5000年左右的巩义双槐树遗址，甚至有三重大型环壕，中央为大片高等级建筑区。中国目前所知最早的城址，是距今已有6000多年的湖南澧县城头山城址，距今5000年以后则遍见于黄河、长江流域各地，这些古城的建造，不仅是为了御敌或者防水，还有区分内外、强调"中心"、维护社会内部秩序的功能。如数百万平方米的良渚、陶寺、石峁古城，都是以规模宏大的"宫城"为中心，小而规整的河南淮阳平粮台城址则有中轴大道的发现。中原地区的城址最为方正规矩，这既有平原地区地理特点的原因，也与其更加追求社会秩序有关。此外，从裴李岗文化以来，早期中国各地墓葬普遍排列整齐，在追求社会秩序方面和村落、城址的情况相通。

距今8000年左右兴隆洼文化的房屋，基本都是中央有火塘的方形或者长方形房屋，有的火塘后面还有石雕神像，在追求建筑空间规整对称的同时，同样存在"中心"观念，这种观念也贯穿整个仰韶文化、龙山文化时期。距今5000多年前河南灵宝西坡遗址数百平方米的宫殿式房屋，中部靠前有神圣大火塘，以四根对称的大柱子支撑。甘肃秦安大地湾遗址最大的建筑，则已初步形成前堂后室内外有别、东西两厢左右对称、左中右三门主次分明这些中国古典宗庙宫殿式建筑的基本特征。甘肃庆阳南佐遗址的前厅后堂式宗庙宫殿建筑，陕西延安芦山峁遗址占地一万多平方米的宗庙宫殿建筑群（图6），布局也都是中轴对称、主次分明。夏商周时期河南偃师二里头、偃师商城和安阳殷墟等遗址的宗庙宫殿建筑，更是规整庄严、秩序井然，尤其陕西岐山凤雏的"四合院"式西周宗庙建筑，堪称中国古典宗庙宫殿式建筑走向成熟的标志，也是西周统治者崇尚秩序、稳定执中的集中体现。

早期中国维持社会秩序的制度性体现，主要为具有自律属性的"礼"，而非外力强加的"法"。"器以藏礼"，礼制的具体表现就是器用制度、宫室制度、墓葬制度等。礼制的特点是柔性自律、朴实节制和刚性规矩、等级差别的结合，是"执中"或"中庸"之道。从考古来看，距今5000多年的河南灵宝西坡墓地，大小墓葬等级分明，大墓规模宏大，随葬品很少且成对出现，既体现出墓主人的不同地位，也很节制，反映当时在中原地区已经出现了墓葬制度或者礼制的萌芽。黄河下游地区的大汶口文化、龙山文化等，大墓棺椁成套，随葬品有

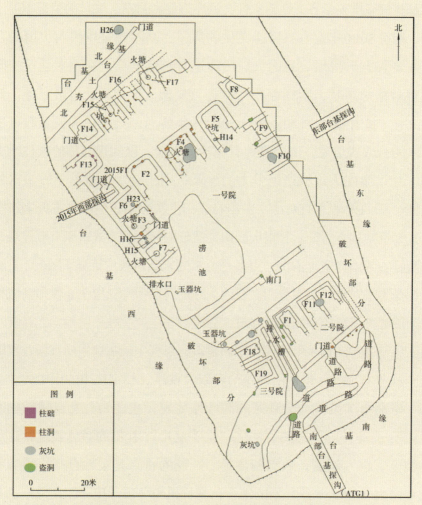

图6　延安芦山峁遗址宗庙宫殿建筑群平面图

一定规制，已经有了初步的棺椁制度、器用制度，至西周时期则发展为成熟的棺椁制度和用鼎制度。鼎是早期中国的第一礼器，首先出现于中原的裴李岗文化，距今5000多年在中东部各地已经初步形成以陶鼎为核心的礼器组合，距今4000年的夏代晚期在二里头遗址出现铜鼎，在周代不同级别的贵族墓葬中，随葬鼎、簋等礼器的数量有明确规定。

有容乃大　和谐共存

以农为本的早期中国文化崇尚秩序、与人为善、爱好和平，"为而不争"。但早期中国地理空间广大，自然环境复杂，有着稻作和旱作两大农业体系，每个体系内部的文化多种多样。要维持大范围长时间的稳定，必须互相交融、彼此包容，因此容易形成有容乃大、和谐共存的文化基因。

距今一万年左右的新石器时代早期，根据陶器形态等的不同，中国文化可以划分为五大文化区，后来各文化区不断互动交融，至距今8000多年的时候已经减少到四大文化区，而且这些文化区以中原地区为核心，彼此有了较多联系和共性，有了文化上早期中国的萌芽。距今6000年前后中国大部地区交融联系成一个超级的文化圈，正式形成文化上的早期中国或者"最初的中国"。这个超级文化圈里面的诸文化各有特色，却又具有共性、合成一体，并且以黄河中游或者中原地区为中心，就像一朵由花心和多重花瓣组成的史前中国之花，一直盛开到夏商周乃至秦汉以后。早期中国的形成和发展过程，也就是各地区人民密切交往、文化不断交融的过程。求同存异，和而不同，和谐共存，是多支系一体化的文化中国维持秩序、稳定发展、绵长延续的秘诀之一。

　　早期中国各地区文化在发展过程中，随着人口的增多和社会的复杂化，自然避免不了冲突和战争。新石器时代至少有三个时期有过较大规模的战争，表现在箭镞、石钺、石矛等武器的增多，城垣、瓮城、马面、壕沟等防御设施的改进，以及乱葬坑的增多等方面。其中距今5000年和4000年前后的战争，都与气候干冷有关，当时北方地区资源锐减，灾害频繁，总体趋势是北方人群南下，引发战争连锁反应，可结果非但没有造成早期中国的崩溃，反而迅速强化了社会组织动员能力，刺激了中国大部地区先后进入原初文明和成熟文明社会。尤其在距今4000年前后的战争背景下，黄河中游先后出现陶寺、石峁、二里头等数百万平方米的大都邑，汇集了来自四面八方不同风格的玉器、青铜器、陶器等，经整合和"中国化"之后，再次影响到周边地区。比如夏代晚期二里头文化的玉牙璋以及爵、斝等礼器，一度北至西辽河流域，东、南到沿海，西达甘青和四川盆地。再比如欧亚草原主要用以打造兵器和工具的青铜，在夏代晚期的中原地区则被铸造成象征宗庙社稷和社会秩序的铜鼎，并在商周时期广见于各个地方中心。

　　距今3000年左右长城沿线出现的以青铜兵器和工具为特征的畜牧文化，和中原等地的农业文化形成既对立又交融的关系，进一步锻炼着早期中国坚韧不拔的品格，早期中国得以发展和成熟。中国人深知"兵者不祥之器也，不得已而用之"的道理，文武之道的根本，在于保卫家园、延续基业、传承文明。

勤劳坚毅　自强不息

　　农民是世界上最勤劳坚毅的人群，他们开垦、种植、管理田间、收割、打碾、加工粮食，饲养家畜家禽，做各种家庭手工业，除了节日祭祀、婚丧嫁娶，几乎没有空闲的时候，一直辛苦劳作。早期中国有着世界上最大的农业区、最多的农民，形成了勤劳坚毅和自强不息的文化基因。

中国的水稻栽培10000多年前出现于长江中下游地区，距今9000年扩展到淮河流域和黄河下游地区，距今6000年已经向华南、台湾甚至更远的地方扩散，距今4000多年扩展到四川盆地。中国的黍粟栽培10000多年前出现于华北地区，距今8000多年扩散到黄河中下游、西辽河流域大部地区，距今5000多年西进干旱的河西走廊、西南踏上高耸的青藏高原，距今4000多年已经到达新疆地区。史前农业在开拓发展过程中，需要不断适应各种不同的地理、气候和土壤环境，需要克服无数的艰难险阻。

长江流域和淮河流域水源丰沛，但地势低平，洪涝灾害频发，良渚文化、屈家岭文化的先民在长江中下游地区大规模建城筑坝，防水治水，劳动强度很大，更不用说精耕细作的稻作农业所需要的勤劳和耐心。黄土高原虽然土层深厚，但一年中大部分时间比较干旱，降雨主要集中在夏季，而且自然灾害频繁，所以北方农民必须习惯于忍受干旱带来的生活艰辛，面朝黄土背朝天，抓住时机适时播种、及时收割。作为中华文明直根系的仰韶文化，就是黄土高原的产儿，仰韶文化跨越今天的八九个省份，前后延续2000多年，集中体现了史前华北先民坚韧不拔、持之以恒的精神。中国农业的发展史，就是中华民族勤劳坚毅、自强不息的奋斗史。

（作者系国家社科基金重大项目"欧亚视野下的早期中国文明化进程研究"首席专家，中国人民大学教授）

中国文化基因的层累涵濡与共时呈现

王一川

中国文化基因是在漫长历史变迁过程中历时层累涵濡而成的，对当代人而言又是在共时空间中同时呈现的，因而需要同时从这种中国史变迁的历时层累涵濡与当下共时呈现去发掘和审视。

"中国之中国"开创出以中原文化为中心和不断吸收边缘游牧文化特长的农耕文化为主干的中国文化传统基因，如同合、中和、正义、游艺等。"亚洲之中国"在主动吸纳丰富多彩的边缘文化和外来文化影响后将其加以中国化或中原化，先后创造出"魏晋风度""盛唐之音""宋型文化"等古典艺术高峰，生成了包容、感兴、品评等传统基因。"世界之中国"即清中叶至今生成的中国文化基因中融合了风行于世界各国的现代性文化因素，如民主、科学、自由、革命、改革等。

当前新时代已经和正在生成哪些新的传统基因如自信或文化自信等，还需要认真关注和研究。

　　仰望星空，是人类个体自幼至长都有的一种习惯：透过缀满天际的璀璨群星，仿佛可以洞悉宇宙生命的奥秘。今天谈论中国文化基因问题，同仰望星空之间似乎存在某种联系，目的同样是着眼于把握中国文化的过去和未来。中国文化基因，在这里是中国文化传统或中国文化特性等相关问题的不同说法之一，应当是指那种被公认确实属于中华民族自身特性、特长或群体共同记忆的东西。在着眼于中华民族文化复兴目标的当前，探讨中国文化基因问题有着必要性和重要性。其必要性在于，假如不了解中国文化基因的由来及其特性，就无法找到通向中华民族文化复兴的正确道路。其重要性在于，了解中国文化基因恰是增强本民族文化自信，坚定地奔向民族文化复兴目标的一个新起点。由于这个问题涉及史前时代、原始时代和多民族关系等，依赖于考古学、历史学、人类学和民族学等相关多学科知识、研究成果等的交融和介入，一时难以说清道明，而且前人和时贤也早已在这个领域有过诸多建树，因而这里的探讨不过是一孔之见、引玉之砖而已。这里想提出观照中国文化基因的一条粗浅思路：中国文化基因是在漫长历史变迁过程中历时层累涵濡而成的，对我们当代人而言又是在共时空间中同时呈现的，从而需要同时从这种中国史变迁的历时层累涵濡与当下共时呈现去发掘和审视。

历时视野中的"三个中国"

　　之所以这样说，首先是基于"三个中国"之现代中国史观。习近平总书记于2019年7月1日《在亚洲文明对话大会开幕式上的主旨演讲》指出："今日之中国，不仅是中国之中国，而且是亚洲之中国、世界之中国。未来之中国，必将以更加开放的姿态拥抱世界、以更有活力的文明成就贡献世界。"这个观察体现了梁启超《中国史叙论》中"三个中国"之说的传承和当代拓展。按照梁启超的观点，中国历史上曾经存在过"三个中国"：史前至先秦为"中国之中国"，进入汉代后有"亚洲之中国"，清中叶后有"世界之中国"①。假如这一历史观有一定的合理性，那么，中国文化基因曾经至少在上述"三个中国"中有所累积和渐次呈现，而在当代，正处在朝向"未来之中国"这一新目标的途中。

重要的是，上述"三个中国"并非截然断裂或相互隔绝的"中国"，而是在发展与变迁乃至断裂中仍旧顽强呈现自身连续性模式的中国。考古学家张光直的《考古学专题六讲》认为，中国文化与西方文化属于不同模式的文化形态："一个是我所谓世界式的或非西方式的，主要的代表是中国；一个是西方式的。前者的一个重要特征是连续性的，就是从野蛮社会到文明社会许多文化、社会成分延续下来，其中主要延续下来的内容就是人与世界的关系、人与自然的关系。而后者即西方式的是一个突破式的，就是在人与自然环境的关系上，经过技术、贸易等新因素的产生而造成一种对自然生态系统束缚的突破。"②与西方文化"突破"式或"破裂"式文化不同，中国文化是一种"连续"式文化。中国文化为什么能"连续"发展？原因很多，但其中有一点是应当肯定的：史前时代至今的中国文化基因，历经代代延传，得以有效地保存和连续地传承下来（而有的文化却遭遇断裂的命运）。确切点说，中国文化基因的特点之一在于，在连续中有突破，在突破中有多元融汇或包容，从而实现数千年连续发展。简要地回看，历经"三个中国"变迁而又能实现连续发展的中国文化基因，历时留下了一些独特品质和共同记忆。

在"中国之中国"

首先来看在"中国之中国"时段即史前至先秦时期生成的传统基因。鉴于我们今天对漫长的史前文化了解不充分，因而很难有准确的说法。但应当看到，那时的中国文化有着不只限于黄河流域或中原地域的多点分布和多元一体的文化源头，今天已知的河姆渡文化、红山文化、良渚文化和三星堆文化等黄河流域之外文化，自有其特点和特长。尽管如此，还是可以说，到先秦时代，中国逐渐形成以中原为行政中心、以农耕文化为主的行政管理格局，也即谁入主中原谁就是"中国"或"天下"。但与此同时，农耕文化与边缘游牧文化之间也在产生持续的相互影响，因而中原文化实际上在不断吸纳边缘文化，而边缘文化也同时在不断吸纳中原文化，此时的"中国"或"天下"实际上是没有固定边界的可以延伸的开放疆域。许倬云的《说中国——一个不断变化的复杂共同体》指出："整个中国是一个'天下'，'天下'没有边，也没有边界，只有向远处扩散而逐渐淡化的影响力。而且，这种影响力不一定是统治的权力，而是通过文化交融而构成的一个新文化，其中包含了各种地方文化。将各种地方文化吸纳入中原文化，使'天下'的文化多元而渐变，共存而不排他。这样一个核心，加上其放射的影响力，终于形成了后世的'中国'。于是，即使在古代各地的居民原来可能是有不同基因的族群，经过如此布局，实际上所谓的'中原'居民，已经是来源复杂的混合体。'中原'向四周扩散，又不断混合，终于熔铸为一个人数众多的文化、经济、政治共同体。"[③]正是这种融合了中原文化和周围边缘文化的"中国"，能够开创出一系列以中原文化为中心和不断吸收边缘游牧文化特长的农耕文化为主干的中国文化传统基因，如同合、中和、正义、游艺等。远古时农事依赖于部落群体或家人间的协作，需要讲究"同合"价值观。进而有古典国家时代后，需要父子、夫妻、君臣等之间的"中和"。当"天下兴亡，匹夫有责"之时，需要以"正义"或"正气"去求取天下和平。真正的"君子"应当自觉地通过"游于艺""依仁游艺"或"游艺"而达到"文质彬彬"。

在"亚洲之中国"

其次，在"亚洲之中国"时段，即汉代至清初，生成了一些新的中国文化基因。随着与周边边缘文化以及今中亚各国、印度和日本等国家之间文化交流的深入，中国文化在主动吸纳丰富多彩的边缘文化和外来文化影响后将其加以中国化或中原化。据王明珂的《华夏边缘：历史记忆与族群认同》（增订本）有关"华夏边缘"族群的研究，在汉代，"中国人"曾经面对四方异族（他们本身也在变迁中）环绕的局面：北疆的匈奴、鲜卑和乌桓等草原游牧或森林草原游牧人群，东北的高句丽、濊、貊等定居于村落并以农业为主要生业的人群，西疆的被泛称为"羌"或"西羌"的居于高原及高山河谷的游牧、半游牧与混合经济人群，南疆与西南疆方面有被称为"蛮"及"西南夷"的对农业、狩猎、采集各有倚重的混合经济及以农业为主要生业的人群，东南方的被称作越人的以稻作农业为主亦行渔捞、采集的定居人群。这些身处华夏民族四周的边缘民族，因为人类经济生态、社会组织等的不同而一度成为"中国人"眼里的异族意象。在探讨华夏民族的族群构成时，是必须把这些同华夏文化中心之间有着千丝万缕的生存关联的边缘族群纳入一体加以总体衡量的④。由此中心与边缘交融的总体眼光看，也正是在这个时段，中国通过加强自身与周围边缘文化和中亚各国、印度、日本等外来文化之间的交流和互动，加速了华夏文化与华夏边缘之间的融合，不断更新中国的文化景致，先后创造出"魏晋风度""盛唐之音""宋型文化"等中国古典文化艺术高峰。这时段中国文化生成的传统基因有包容、感兴、品评等。中国文化传统之得以在历次危机（如所谓"五胡乱华"）中仍然实现连续性发展，面向异文化而加以包容或容纳，在包容中创造新的本文化，无疑正倚靠着这种包容特性。由此可见，包容正构成中国文化基因系统中最关键的因素之一。中国的文化艺术创造既不是像古希腊人那样相信神秘的"灵感"或诗神凭附论，也不是如浪漫主义时期艺术家崇尚个人主观情感、想象，而是认定"感兴"，即感物而兴、兴而生辞，将艺术创作的动因归结为外物在艺术家内心中触发的兴腾及其"乘兴而来"或"即兴"的创作行为，其结果是创造拥有"兴象"的和能够引发兴味蕴藉的艺术品。这种"感兴"说及其延伸的兴味蕴藉美学观实际上坚持了外物感发与主体内心响应的主客体交融的辩证立场。同时，中国还发展出以人物风范去品评艺术风格的以"人物品藻"为标志的美学传统。

在"世界之中国"

再有，在"世界之中国"时段即清中叶至今生成的中国文化基因。直到此时段"中国"仍然始终处在不断地建构和变迁的过程中。按照葛剑雄《统一与分裂——中国历史的启示》中的研究，"公元前221年以前，中国处于分治状态，经过了一二千年的发展，到此时建立了以中原为中心、华夏为主干的集权政权，但同时还存在着其他自治政权。此后有九百多年的时间，存在着一个以秦朝的疆域为基础的中原政权，其版图时有盈缩；其余时间则分裂为若干个政权；但自治政权始终存在。中国真正的统一是在1759年实现的，持续了八十一年"⑤。特别是随着以西方文化为主的世界各国文化间相互交流的普及和深化，中国文化更是以鲁迅所谓"拿来主义"的姿态，主动而有选择地吸纳外来文化资源中的优秀成分而为我所用，助力中国现代文化的独立自主的卓越创造。此时段生成的中国文化传统基因中，必然融合了风行于世界各国的现代性文化因素，如民主、科学、自由、革命、改革等。民主（德先生）和科学（赛先生）借助于五四运动而迅速传播和延伸，成为至今深入人心的中国现代价值观的基石。在"鸦片战争"以来的历次反抗斗争中屡战屡败、屡败屡战的中国人民，自觉地选择了中国革命的道路。而革命价值观的内部也包含有改革的价值理念，也就是对革命成果进行自觉的反思和调整，以便使革命继续走在正确轨道上。

当前新时代已经和正在生成哪些新的传统基因，例如自信或文化自信等，还需要认真关注和研究。尽管如此，可以看到，在上述"三个中国"中历时层累涵濡成的中国文化基因（远远不限于此），对于我们当代人来说，其实是共时呈现给我们并同时起作用的。正如瓦尔特·本雅明的《德国悲剧的起源》中有关星座论所指出的那样⑥，就像夜空中缀满天际的星座，它们彼此之间独立自主、生成年代各异且相距遥远，但却可以在同一瞬间整齐地向我们释放出似乎同样的熠熠星光。由此看来，上述历时层累的中国文化基因，如"中国之中国"的同合、中和、正义、游艺等，"亚洲之中国"的包容、感兴、品评等，以及"世界之中国"的民主、科学、革命和改革等，至今仍旧共现于我们的现实生活中，给予我们以不同程度的影响，从而产生其应有的作用。

通向"未来之中国"

不过，重要的是，我们不应当满足于像仰望星空那样地欣赏来自星光的自动照耀，而是应当根据我们正在创造当代生活和未来生活的特定需要而重新凝视星空，从星空中寻找、辨识和捕捉那些足以给我们创造新生活以宝贵启示的星座，把它们汇聚和保存起来，再基于我们的现实需要，按照理想范式的指引，经过我们的想象力的自由组织、丰富、创造和自主取用，直到让它们成为照亮我们新生活的新光芒。诚如阿比·瓦尔堡（Aby Warburg）《费拉拉的斯基法诺亚宫中的意大利艺术和国际星相学》所指出的那样，此刻应当是"古代、中世纪、现代是同一个时代"[7]。古典的活的能量经过"天才"的自觉辩证的逆转，可以体现为一种既旧且新的价值。按照这样的思虑，正如星空中有的格外明亮的星座未必适合我们，而有的稍嫌暗淡的星座未必就异己于我们一样，对历史遗存至今的中国文化基因不能一概地接收或排斥，而是应当依照今天开创新生活的需要而重新辨识、鉴别和选择，找到其中有价值成分而加以创造性转化和自主拓展。因此，今天探讨中国文化基因的层累涵濡和共现，终究还是要为我们创造未来新生活而发现和提供新的充满活力的本民族文化传统资源。

（作者系国家社科基金艺术学重大招标课题"文艺发展史与文艺高峰研究"首席专家，北京师范大学教授）

注　释

①梁启超《中国史叙论》，据吴松等《饮冰室文集》第三集，昆明：云南教育出版社，2001年，第1626—1627页。

②张光直：《考古学专题六讲》，北京：文物出版社，1986年，第17—18页。

③许倬云：《说中国——一个不断变化的复杂共同体》，桂林：广西师范大学出版社，2015年，第47页。

④王明珂：《华夏边缘：历史记忆与族群认同》（增订本），杭州：浙江人民出版社，2013年，第230页。

⑤葛剑雄：《统一与分裂——中国历史的启示》，北京：商务印书馆，2013年，第77页。

⑥［德］瓦尔特·本雅明：《德国悲剧的起源》，陈永国译，北京：文化艺术出版社，2001年，第7、99、121、124、192页。

⑦［德］瓦尔堡：《费拉拉的斯基法诺亚宫中的意大利艺术和国际星相学》，范景中主编《美术史的形状》第一卷，杭州：中国美术学院出版社，2003年，第401—438页。

"中"与"中和"理念的考古学阐释

刘庆柱

在世界各古代文明国家中，何以只有中国有着"五千多年不断裂文明"？这被认为是一个"世界之问"。其根本原因是"中"与"中和"的理念成为中华"文化基因"，五千多年来，形成国家为"中"，东西南北"四方"以"中"为核心的至高无上的"国家认同"理念。

从20世纪90年代开始，中国考古学界聚焦一些重大历史课题，如开展"中国古代文明形成"的讨论，相继启动"夏商周断代工程"与"中华文明探源工程"等。在此基础上，近年来，考古工作者进一步对"中华历史文化基因"展开了探索与研究。

从考古发现与历史研究来看，"中"与"中和"理念应为中华历史文化基因的核心，本文拟对此作以考古学阐释。

长期以来，在哲学史、思想史的研究中，对"中""中和"的研究大多突出"和"而弱化"中"，更有甚者把"中"与"中和"解释为"中庸"。事实上，考古发现显示，"中"与"中和"理念有着十分久远的历史，其产生与"文明起源""国家形成""国家认同"密切相关，应属于"政治文化"范畴。"中""中和"的实质是"国家"的"政治认同"。"中"与"中和"理念的形成轨迹是由"中"发展为"中和"，"中和"就是"多元"之"和"于"一体"，"一体"就是"中"，"中"是"核心"，"中"与"中和"是中华五千多年不断裂文明中的文化基因，是国家认同的核心思想。

从"求中"建都到"宅兹中国"："中"的萌发与延续

中国先民对"中"的信仰与追求，可以上溯至新石器时代晚期。1987年，河南濮阳西水坡发现了一座距今6400年的墓葬，墓主人左右两侧分别放置了蚌壳堆塑的"龙"与"虎"图像，足下有一个象征"北斗"的蚌塑三角形图案，图案东部与两根东西向的人胫骨相连。有学者指出，这即古人测量"求中"方位的"槷表"或"圭表"。

20世纪80年代至21世纪初，在山西襄汾陶寺城址（距今4300—1900年左右）相继发现的两座墓葬（M2200与ⅡM22），均出土了与"测中"有关的"槷表"遗物。目前学术界一般认为，襄汾陶寺城址是一处古代都城遗址，即可能是历史文献记载的"尧都平阳"。因此陶寺城址发现"测中"的"槷表"等遗物，应与"求中"之"建都"密切相关。上述二墓考古发现"槷表"说明，中华文化关于"中"的理念早在夏商周三代之前已经出现。

就目前而言，有关"求中"最早的出土文献是战国时代的清华简《保训》，其中提及"五帝时代"的虞舜"求中"于"鬲茅"，在今河南濮阳与山东菏泽一带。《保训》又载，商汤的六世祖上甲微为夏禹"追中"（即"求中"）于"河"。"河"即"河洛"，即现在所说的"大嵩山"地区（包括现在的郑州市、洛阳市）。

20世纪50年代末以来，考古工作者在嵩山周围发现了可能为夏代都城的登封王城岗城址、新密新砦城址与偃师二里头遗址。

继夏之后，商代早期都城郑州商城、偃师商城均分布在"大嵩山"地区。安阳殷墟是商代中晚期都城遗址。考古发现了地处安阳殷墟北部的商代中期"洹北商城"与商代晚期的洹河南部"殷墟"。如果说商代中晚期都城从"大嵩山"地区"求中"而"回归"于"河济地区"，那么周武王灭商后，新王朝的都城又从"河济地区"返回"大嵩山"地区。1963年，陕西宝鸡发现的西周早期青铜器"何尊"铭文"宅兹中或（国）"则是"中国"于"天下之中"的物证。

自秦汉至唐宋，大一统王朝的都城基本在"大中原"的长安、洛阳与开封东西一线，继承、发展了夏商以来的"择中建都"原则。金朝徙都燕京，在金人看来"燕京乃天地之中"，因此当时统治者认为定都于燕京是"以应天地之中"的政治举措，这开启了中古时代后期元朝与明、清两朝定都北京之先河。故金朝在燕京的都城名为"中都"，此名又为其后"大元"王朝的开启者忽必烈所延续，至元四年（1267）他"命秉忠（刘秉忠）筑中都城，始建宗庙宫室"，至元八年改国号"大元"，都城"中都"才更名为"大都"。

从择中建宫到"一门三道"，再至"一门五道"："中"的"扩展""强化"与"深化"

中国古代都城考古发现、研究揭示，"中"的理念不断"扩展""强化"与"深化"，都城从"择中建都"到"择中建宫"再到"择中建殿"，都城城门、宫城宫门从"单门道"发展到"一门三道""一门五道"，政治性建筑的"中门道"体现出"中"理念之"强化"与"深化"。

1.从"择中建都"到"择中建宫""择中建殿"

在中国古代都城发展史上，"择中建宫"是继"择中建都"发展起来的。夏代晚期的偃师二里头都邑遗址位于"天地之中"的"大嵩山"地区，可谓"择中建都"，而二里头都邑之中心区又是其"宫城"地区，这应该是"择中建宫"的佐证。早期偃师商城的宫城在都城南部东西居中位置。洹北商城的宫城、战国时代的魏国都城安邑城之宫城等基本都在其都城中央，郑韩故城西城的宫城位于西城的东西居中。东汉洛阳城、魏晋与北朝洛阳城及唐长安城之宫城一般均在都城北部东西居中之地。北宋东京城的宫城则居外郭城的中央。金中都、元大都、明清北京城的宫城一般在都城东西居中位置。宫城作为国家政治中枢，居于坐北朝南的都城东西居中位置，无疑是突出宫城的"中"之核心政治地位。这是宫城作为国家政治中枢的核心地位之体现。

在宫城内"择中建殿"，实际上是"大一统中央集权国家时代"与"封邦建国时代"都城布局的重大政治区别，这也是国家从以血缘政治与地缘政治结合的"二元政治"发展为以地缘政治为主、血缘政治为辅的多民族统一的中央集权国家"一元政治"的物证。通过"大朝正殿"于宫城居中之空间安排，体现了中央集权多民族统一国家的至高无上。考古发现的这类大朝正殿居于宫城中央或东西居中的有：汉长安城未央宫之"前殿"、北魏洛阳城宫城之"太极宫"、唐长安城宫城之太极宫与大明宫之含元殿（图1）、隋唐洛阳城宫城之乾元殿、北宋东京城宫城之大庆殿、元大都宫城之大明殿、明清北京城宫城的奉天殿与太和殿等。

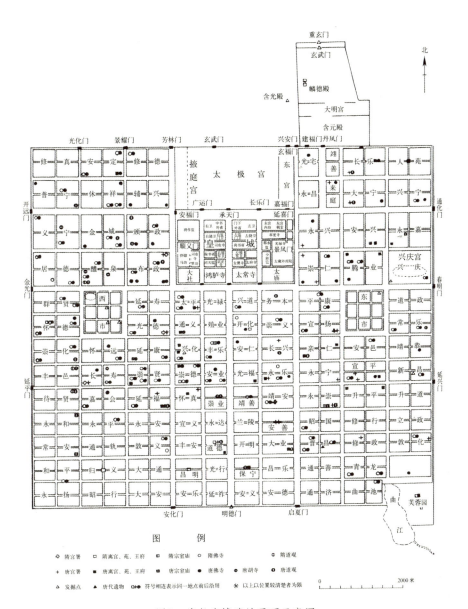

图1　唐长安城遗址平面示意图

2.都城城门、宫门从"单门道"发展为"一门三道"与"一门五道"

从目前已经发现的古代都城城门与宫城宫门遗址来看，夏商周时代的都城及其宫城城门一般为"单门道"，如偃师商城、东周秦雍城、临淄齐故城、曲阜鲁国故城、中山国灵寿城、阎良秦汉栎阳城等，均为"单门道"。

从中国古代都城发展史来看，都城外郭城的四面城墙十二城门均为"一门三道"的"定制"（图2），从汉长安城一直延续至明清北京城。

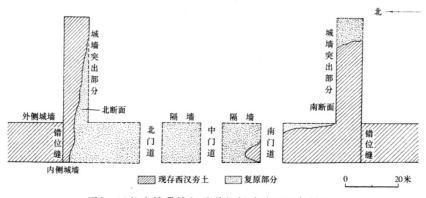

图2　汉长安城霸城门及其门阙遗址平面复原图

目前考古发现宫城正门"一门三道"最早的是北魏洛阳城宫门——"阊阖门"遗址，此规制一直延续至明清北京城故宫午门。

进入中古时期至明清北京城，部分朝代的都城与皇城、宫城之正门出现了"一门五道"的形制，如唐长安城外郭城"明德门"（图3）、大明宫"丹凤门"、北宋东京城皇城宣德门、金中都宫城应天门、元大都宫城崇天门、明清北京城皇城"天安门"。

关于城门"一门三道"各个门道的使用或功能，古代有的学者认为"男子由右，妇人由左，车从中央"。"车从中央"之说与考古发现是不一致的。汉长安城直城门遗址考古发现，城门两边的门道保存有清晰的车辙遗迹，是行人通行的门道，但是中门道则为"草泥"地面，没有发现车辙遗迹。因为"中道"实际上是国家最高统治者象征性使用的"驰道""御道"。都城与宫城城门、宫门的"一门三道"与"一门五道"的"中门道"，是至高无上地位的"国家"象征符号。

都城城门、宫门由"一门三道"发展为"一门五道"，不只是门道数量多少的问题，而是通过"奇数"的由少到多，"奇数"的"中位"更为"突出"，而"中"则更为凸显。这犹如上古时代礼制之从三、五、七、九之不同等级的"用鼎制度"。

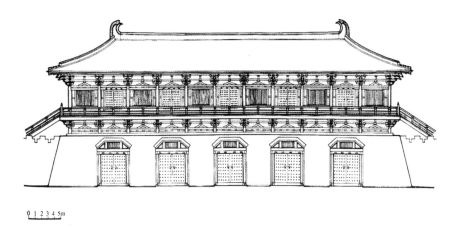

图3　唐长安城明德门复原示意图

"左祖右社"与都城"中轴线"的形成

《周礼·考工记》载，"匠人营国，方九里，旁三门，国中九经九纬，经涂九轨；左祖右社，面朝后市"。这被认为是自周代开始中国古代都城主体布局的"金科玉律"。然而考古发现，按照"左祖右社"规制营建的都城，以西汉晚期的汉长安城（遗址）为最早，目前尚无中国古代都城"左祖右社"始于周代的确切证据。先秦时期，都城宫城之内"右宫左庙"并列，如二里头宫城遗址、偃师商城的宫城遗址、东周时期的秦雍城遗址等均属此类情况。进入大一统中央集权王朝时代以后，"宫庙"布局发生了重大变化，出现了只有宫殿（大朝正殿）在宫城之中，而"宗庙"则安排在宫城甚或都城之外的情况。如文献记载的秦咸阳城，其"宫庙"安排在城外的"渭南"或故都"雍城"；考古发现，西汉大朝正殿——"前殿"在未央宫中央，宗庙则不在未央宫，文献记载西汉早期的汉高祖高庙、汉惠帝庙均在未央宫之外，而汉文帝的顾成庙则被安置在都城之外。西汉晚期宗庙与"社稷"遗址，在汉长安城之南，北对未央宫前殿，形成目前所见最早的都城"左祖右社"规制。这一规制为汉魏洛阳城、唐长安城、宋开封城（东京城）、金中都、元大都、明清北京城等古代都城所继承。上述诸都城的大朝正殿均在宫城中央，宗庙与社稷均安排在宫城之外，形成以"大朝正殿"为中心的"左祖右社"的都城布局，从而进一步突出了以"大朝正殿"为代表的"中央政府"在国家的"缩影"——都城的"中"之"政治定位"，以"中"为核心的国家"大一统"理念，由都城布局形制彰显、固化并世代传承。

都城规制的"中和"理念与国家认同

从目前考古发现资料来看，汉长安城是中国古代都城、宫城形成四面营建城门、宫门规制的最早都城（图4）。都城与宫城的"四门"，象征国家的东西南北"四方"。"四门"相对都城之内的宫城及大朝正殿的"居中"而言，形成二者的"中和"，这种"空间"的

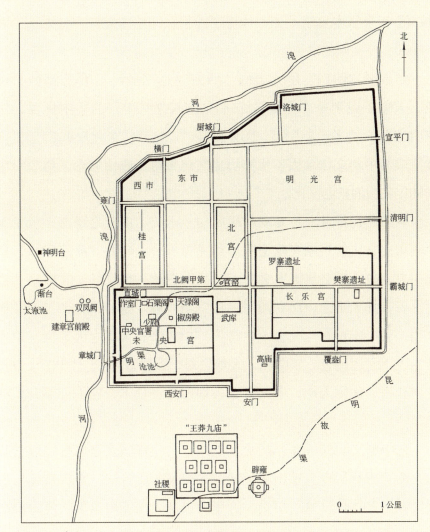

图4　汉长安城遗址平面图

"中和"理念，既体现了"中"对"四方"的"公允""公正""不偏不倚"，又强化了"四方"对"中"的"政治认同""国家认同"。"中和"理念是以"中"为核心的"国家认同"的深化。上述都城规制2000多年来基本延续不变，体现了国家认同感与凝聚力，维系了中华5000多年文明的绵延不绝。

如果说"四门"所代表的"四方"是"多元"，那么都城、宫城、大朝正殿则是"一体"。它们是国家之"中"的集中体现，使"四方"的"多元""和"于国家的"一体"，"多元"归宿于"一体"成为中华文化基因、优秀历史文化传统与政治信念，构成中华5000年文明的核心文化。

中国古代都城考古发现与研究揭示出的"中"之理念，也见于中华历史文化的早期文献记载。如《荀子·大略》："欲近四旁，莫如中央，故王者必居天下之中。"《吕氏春秋·审分览·慎势》："古之王者，择天下之中而立国。""中"与"和"密切相关，二者并称合用，最早出现在《礼记·中庸》："中也者，天下之大本也。和也者，天下之达道也。致中和，天地位焉，万物育焉。"司马光认为，"中和者，大则天地，中则帝王，细则昆虫草木，皆不可须臾离者也"。

在中华文明5000多年历史发展中，古代都城及宫城布局形制所蕴含的"中和"理念被中华大地的各个民族所认同。考古发现与古代文献记载均佐证这一历史。鲜卑民族从大兴安岭南下，经内蒙古盛乐、晋北大同（平城）建立北魏王朝，最终徙都"天地之中"洛阳，继承汉长安城、汉魏洛阳城布局形制，营建北魏洛阳城，使都城的"中"与"中和"理念更为深化，开创了中国古代都城的"三城制"，完善了都城"中轴线"，弘扬了先秦、汉魏都城的宫门门阙形

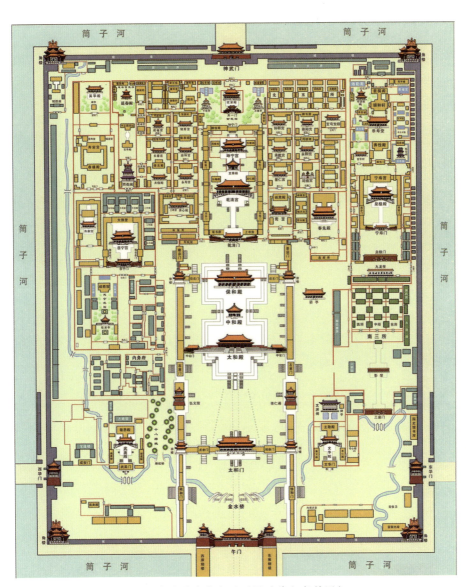

图5　明清北京故宫平面图（荣宝斋供图）

制。考古发现的北魏洛阳城宫城正门——闾阖门遗址布局形制对后代产生深远影响。北方女真族、蒙古族、满族等民族依次建立的金朝、元朝、清朝,承袭了几千年形成的"中"与"中和"理念,深化了国家认同理念(图5)。

（作者系国家社科基金冷门"绝学"研究专项学术团队项目"汉长安城未央宫出土骨签的整理、缀合与再研究"首席专家,中国社会科学院学部委员、郑州大学特聘教授）

龙图腾：考古学视野下中华龙的起源、认同与传承

袁广阔

> 龙是中华民族的图腾和象征。中国人自古以来就以龙为傲，认同自己是人文意义上龙的传人。在漫长的历史进程中，龙已渗入到中华民族始祖崇拜的文化脉络里，贯穿于中华文明发展的汤汤长河间。
>
> 作为神话性的动物，龙并不存在于现实生活中。那么龙的原形是什么？经历了哪些发展阶段？下文将以我国新石器至夏商时期考古发现的龙纹为基础，简要梳理考古学视野下中华龙的起源、发展与传承，探讨龙逐渐融入中国传统文化基因和精神内核的脉络。

地缘与风物：仰韶时代与龙文化起源

中华龙文化历史悠久，在我国新石器时代的考古学文化中，距今7000—5500年的仰韶文化已开始出现原始的龙纹，如鱼龙、蛇龙、猪龙、鳄龙等。这些早期龙形文化遗存的产生，与自然崇拜密切相关。

这一阶段社会生产力水平低下，原始宗教盛行，提供了"万物有灵"的文化土壤。一些与早期文明生活关联紧密，或造成威慑的动植物，成为自然崇拜的对象。从已有的考古资料来看，仰韶时代存在着四个不同的文化体系：东北地区的赵宝沟—红山文化系统，太行山—嵩山以西的仰韶文化系统，太行山—嵩山以东的后岗一期文化系统以及长江中游的大溪文化系统。不同文化系统孕育了不同的生活习惯和精神信仰，进而形成了四大自成体系的原始宗教区：东北地区祀蛇和猪，太行山以西崇鱼和鸟，太行山以东敬虎和鳄鱼，长江中游尊鳄鱼。这些动植物在先民崇拜、敬畏的文化滤镜下被逐渐神化，形象上更经由不断加工、融合、创新，形成了不同区域各有特色的原始龙形象。简言之，仰韶文化中不同地区鱼龙、蛇龙、鳄龙的原形，均是现实生活中鱼、蛇、鳄等自然形象神格化的产物。

1. 辽河流域的蛇龙与猪龙

辽河流域是我国玉文化最早的发源地之一。玉制的各类动物形神兼备，尤以玉猪龙最负盛名；而玉猪龙的原形，正是蛇和猪的复合体。其拱鼻与头鬃类猪，但器身多卷曲无足，与猪迥异，而和蛇相似。这类造型融合在彩陶上体现得更为明显。小山遗址发现一件赵宝沟文化的尊形器，腹部图案环绕猪、蛇、鹿和鸟首。其中，猪嘴闭合，獠牙外露，眼睛微闭，颈部以下由黑白相间的蛇身缠绕而成，有学者形象地称它为"猪首蛇身"（图1，①）。拼合式的蛇形，实际上是对蛇进行神化的一种加工；而选择用猪首来神化蛇，则源于先民对猪的偏爱和崇拜。兴隆洼文化、赵宝沟文化均发现较多用猪祭祀的迹象，可作为猪龙神格化的考古学持据。这类猪、蛇拼合式图像崇拜，在红山文化猪首蛇身玉猪龙上达到了顶峰（图1，③）。

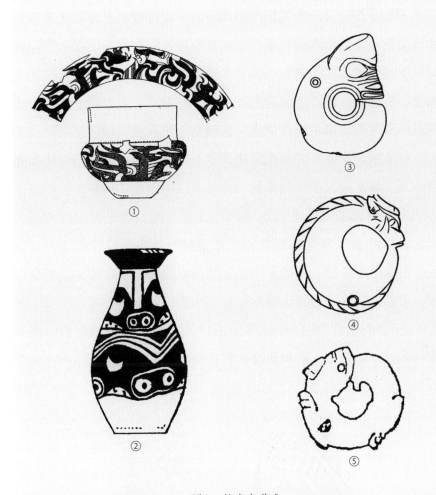

图1　蛇龙与猪龙

①小山遗址　②姜寨遗址　③牛河梁遗址　④凌家滩遗址　⑤罗家柏岭遗址

2. 关中、陇东地区的鱼龙与猪龙

新石器时代中期，发源于渭河流域的仰韶文化半坡类型展现出蓬勃生命力，其后，兴起于关中、河南、山西地区庙底沟文化也大放异彩，二者均孕育出大量精美而细腻的彩陶。长期以来，学界大多认为庙底沟文化彩陶的主要纹样是鸟纹、花瓣纹。近年来，王仁湘、张鹏川等先生通过对庙底沟彩陶纹饰的系统分析，提出了"大鱼纹"的文化概念：庙底沟文化广泛流行的叶片纹、花瓣纹、菱形纹、圆盘形纹和带点圆圈纹等，多由鱼纹简化、拆解后重组而成，构成了一个"大鱼纹"象征系统，最后完全图案化。这类半坡、庙底沟仰韶文化中的鱼纹体系又渐次融入了龙纹系统。一是鱼纹中出现了一些龙的特征，如宝鸡市北首领遗址出土的水鸟啄鱼纹蒜头壶，鱼形头部作方形，竖耳，初步具备了龙首的形象；二是受到西辽河流域兴隆洼—赵宝沟—红山文化蛇（猪）龙的影响，如陕西临潼姜寨发现的史家类型彩陶龙，形象为猪的正面，大嘴上卷，鼻作圆形，上额有多道皱纹（图1，②）。三是甘肃武山西坪出土的一件小口高领平底瓶的腹部绘出一个瞠目张口、形体庞大的鲵鱼纹，其特征与商代晚期青铜器虎食人卣

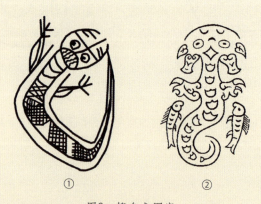

图2　鲵鱼龙图案
①小口高领平底瓶腹部纹样　②商代虎食人卣

的龙纹特征接近，二者具有一定的传承关系，说明鲵鱼也是龙的一个来源（图2，①、②）。

3. 河南地区的鳄龙

太行山以东的考古学文化中，距今6400年前后的后岗一期文化濮阳西水坡遗址发现了三组用蚌壳堆塑的图形，每组都有龙的形象。

西水坡M45是一在东、西、北三面各设一小龛的土坑墓。墓主为一壮年男性，仰身直肢，头南足北。墓主东、西两侧，分别用蚌壳精心铺塑一龙一虎图案。龙头朝北，背朝西，昂首厉目、长芯微吐、舒身卷尾、高足利爪，整体形象与鳄鱼十分接近。M45之北，复有一合体龙虎，龙虎背上还有一鹿。其南又有一蚌壳摆塑的龙形图案，头朝东，背骑一人。这些蚌壳摆塑的动物群，推测为M45祭祀活动遗存（图3，①）。西水坡M45遗址集中发现蚌塑鳄龙，或与这一区临近雷龙神出没的"雷泽"有关。《山海经·海内东经》记："雷泽中有雷神，龙身而人头，鼓其腹，在吴西。"《淮南子·地形训》载："雷泽有神，龙身人首，鼓其腹而熙。"《史记·五帝本纪·正义》引《山海经》言，"雷神"鼓其腹则"雷"。可知雷泽神作龙形，正如王充《论衡·龙虚篇》"雷龙同类"所论。上述传说中，雷泽的雷神龙身人头，以腹为鼓而雷声作；再结合蚌塑鳄龙，可知文献中的龙泽很可能就是鳄鱼池。事实上，鳄鱼在早期文明中已留下文化印记，文献中夏代的豢龙氏养的就是鳄鱼，而山西陶寺遗址出土的鳄鱼皮制作的鼍鼓，很可能就是传说中雷泽神鼓腹的实证。濮阳西水坡神秘蚌塑鳄龙纹提供了中国早期文明的文化密码，获称"华夏第一龙"。

仰韶文化后岗类型之后，太行山东麓的鳄鱼龙继续向西发展。河

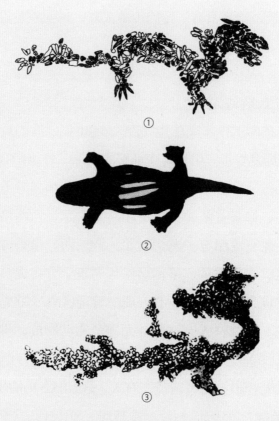

图3　鳄龙
①西水坡遗址　②洪山庙遗址　③黄梅焦墩遗址

南中部仰韶文化"阎村类型"的汝州洪山庙遗址就发现了多件与之相
关的彩绘瓮棺，其中第128号瓮棺上的彩绘鳄龙纹，头作扁圆形，身
为椭圆形，由四条短弧线组合而成，细尾较长，四肢曲伏于壁，四爪
分开（图3，②）。

4.长江中下游地区的鳄龙

仰韶文化阶段，长江中现有的考古学文化开始与中原仰韶、北方
红山文化相呼应，出现了鳄、蛇一体的龙纹。巢湖流域凌家滩文化中

出土的玉龙，头部雕出鳄鱼的须、嘴、鼻眼，龙身与红山文化玉猪龙相类，应是鳄鱼与猪龙的融合（图1，④）。距今约6000年左右的长江中游湖北黄梅焦墩大溪文化遗址也发现了河卵石摆塑的鳄龙，龙身长4.46米，头西尾东，头生一角，张口吐舌，昂首爬行（图3，③），又称"长江流域第一龙"。

　　要之，仰韶文化阶段不同区域的考古学文化体现出相互融合的特点。一方面，各地涌现出地缘特征明显的纹饰图案，如关中仰韶时期的鱼纹、鸟纹；河南中部的太阳纹、几何纹；长江中游的水波纹、几何纹。另一方面，正是在这一时期，以龙纹为代表，仰韶文化区体现出突出的文化认同与交互融合现象，如长江中下游凌家滩玉龙纹既与红山文化玉猪龙颇多相类，猪、蛇、鳄鱼和谐共存的特征也可与中原地区蚌塑龙纹互文；同时姜寨猪龙与赵宝沟文化猪龙也存在内在联系。由是观之，仰韶时代龙的形象在东方和北方已形成相互交融的文化圈，或与当时巫师阶层间的频繁交流相关。在这一自然崇拜的文化动因下，龙的观念与形象突破文化区际，形成了文化认同。

格制与权力：龙山时代与龙文化的融合

　　距今5000—4000年前的龙山时代是中华文明起源与形成的关键阶段。这一时期，各地考古学文化争奇斗艳，古国、青铜、文字等文明因素不断涌现，文明化进程大大加快，文化间的交流更加频繁、剧烈。地缘化的鱼纹、鸟纹等开始减少，南北各地自成一格的各地龙纹形态则开始趋同，统一表现为鳄鱼与蛇纹的融合体。这一新的格制化龙纹形象，经过先民不断汇融、取舍、创新和改造，体现出更为神灵化的特征，更加接近神龙的形象。

1. 北方地区的龙纹

石峁遗址位于陕西省神木市高家堡镇秃尾河与洞川沟交汇处的梁峁之上，城址呈方形，分为外城和内城；年代大约在公元前2300—公元前1800年之间。城内出土大量石雕，包括人面石像、动物石雕、神人兽面像及刻画符号等。其中皇城台大台基南护墙下层出土的8号石雕，长约120厘米，高约15厘米，左右用减地浮雕技法刻画出两个对称的龙形纹图案。双龙相背，龙首向外，面部形象为倒尖额、梭形纵目、长条形鼻翼；龙身两处曲折，从头部先向上，至中部向下圆曲，再至尾部又向上圆曲，上饰有曲线纹。尾部竖直上翘，呈锥状（图4，③）。

2.中原地区

晋南龙山文化龙纹遗存以陶寺遗址为代表。陶寺文化是龙山时代发展水平最高的考古学文化，创造了规模宏大的城址、高等级的墓葬及丰富的礼器，如彩绘陶器、石磬、鼍鼓等；建筑了世界上最早的观象台；并初步掌握了铜器锻造技术。此外，龙纹的逐步成熟化与格制化也是陶寺文化的重要特点。陶寺遗址龙山文化墓地出土的多件彩绘陶盘上，均描绘出同一形态的龙纹：龙首形如鳄鱼，头有角状饰物，身躯细长似蛇，有鱼鳞；长嘴利齿，张嘴吐芯，身体盘曲呈环状（图4，①、②）。陶盘彩陶龙纹的形象，综合了鳄鱼、鱼、蛇等三种动物的特征，应为仰韶时代鳄龙、鱼龙、蛇龙交互融通的产物。

河南龙山文化末期，龙纹遗存以新密新砦遗址为代表。新砦遗址出土陶器盖残片上的龙纹，以阴线刻出龙首纹样，面额近圆角方形，蒜头鼻，两组平行线将长条形鼻梁分刻为三部分，梭形纵目，弯月眉，两腮外似有鬓（图4，④）。其龙首特征与石峁一致，体现出前后继承关系。

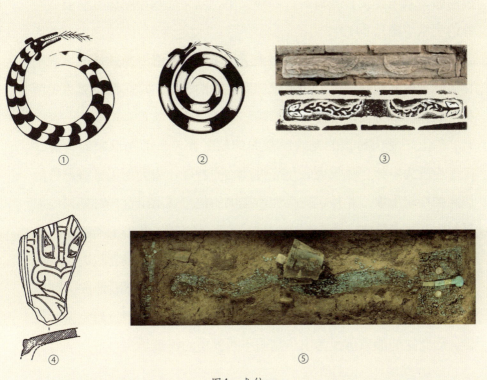

图4　龙纹

①、②陶寺遗址　③石峁遗址　④新砦遗址　⑤二里头遗址

3.南方地区的龙纹

龙山时期南方地区最发达的考古学文化遗存中均发现了龙纹，如长江中游的石家河文化与长江下游太湖流域的良渚文化。这些区域文化以高度发达的手工业、强大的社会整合能力及倾力的宗教活动闻名。

环太湖流域良渚文化龙形图案玉器、玉龙首，以及浙江海盐龙潭港龙纹宽把陶杯中，匠人们通过塑绘蛇纹与鸟纹相间缠绕的模式，创造出独具特色的龙纹。

湖北石家河文化天门石家河罗家柏岭遗址出土有龙形玉环。龙身躯卷曲，首尾相接，圆弧头，吻部突出，以穿代眼，躯体上有前后对称的小爪（图1，⑤）。

湖南澧县孙家岗墓葬遗址出土了透雕龙形玉佩。龙体蟠曲，头顶作高耸华丽的角状装饰，小圆眼，双足蟠曲于腹下。龙形明显可见鳄鱼的嘴和鼻眼特征，身体环形如蛇。

综上，龙山时代的龙纹已摆脱仰韶时代单一动物形象的特征，以蛇与鳄为主体，吸收虎、鱼等种动物的特征，成为汇集多种形象的趋同神格化形象。此外，遗存性质提供的信息展示出这一时期龙纹应是权力和王者标志，陶寺的龙纹盘、凌家滩玉钺、龙形玉器都出自大型王墓之中。说明"龙"在国家形成与早期文明发展确立权力与秩序的文化功能。"龙"作为王权的象征，早在中央集权王国形成之前的方国时期已经出现，龙形象的不断成熟与格制化，造型日趋定型、完善，因此龙的形象可视为中华文明不断发展的缩影。

协和与融通：龙文化的统一与认同

夏商时期龙进一步成为国家形成的标志。大约在公元前21世纪，盘踞于中原的夏后氏雄霸而起，开启了全新的国家政权。夏人是一个开放、包容的族群，在物质与精神文化上兼收并蓄，博采众长。在文化基因上，不仅认为龙是自己的神祖，而且认为龙与自身族群的存亡联系紧密。《归藏启筮》云："鲧（禹之父）死……化为黄龙。"《山海经·大荒西经》："有人珥两青蛇，乘两龙，名曰夏后开（启）。开（启）上三嫔于天。"《史记·夏本纪》："夏后氏德衰，诸侯畔之。天降龙二，有雌雄。孔甲不能食，未得豢龙氏。陶唐既衰，其后有刘累，学扰龙于豢龙氏，以事孔甲。孔甲赐之姓曰御龙氏，受豕韦之后。龙一雌死，以食夏后。夏后使求，惧而迁去。"这段话虽讲的是夏室衰微与孔甲淫乱食龙有关，却道出了夏人尊龙、养龙的传统，并专设养龙的官职。

二里头文化发现了大量的龙纹，可分为陶塑、雕刻、绿松石粘嵌三大类。陶塑类龙纹是以堆塑的方法在陶器外壁表现龙的半立体形象；雕刻类龙纹是在陶器表面线刻出龙的平面形象，有的一首双身，有的二首一身；绿松石粘嵌类龙纹是用绿松石片粘嵌在漆器或铜器之上。

2002年二里头遗址宫殿区墓葬（编号02VM3）遗址发现了一件用2000余片各种形状的绿松石片组合而成的龙形器，由龙头和龙身两部分组成。龙头为方形，臣形双目；眼为圆饼形白玉，鼻以蒜头形绿松石粘嵌，鼻梁和额面中脊用青、白相间的玉柱排列成纵长条形。龙头之外又见用绿松石片表现的卷曲弧线。龙身卷曲，呈波状起伏，象征鳞纹的菱形绿松石片分布全身（图4，⑤）。就形体特征而言，二里头文化的龙纹继承了龙山及新砦文化时代以鳄和蛇为主体的余续，其文化来源应是新砦期文化，而新砦文化龙纹又是承续陶寺文化龙纹并创新发展的产物。与龙山时代的龙纹相比，二里头文化的龙纹更加抽象化、图案化，且拼合了更丰富的动物特征，如鳄鱼、虎、鱼等，已经是典型的成熟龙纹了。

继夏代之后，商人对龙的信仰抱有更大的热忱，铸形以象物，在祭祀坑及墓葬中埋藏数量惊人的青铜器。匠人们夜以继日，铿锵捶打着件件祭器，以满足商人永不停息的宗教热情。与前代相比，商代的物质与精神文明都有了长足发展。商人的宗教虔诚与文化自信推动着艺术创作在形式和内容上形成突破与创新。这一时期的龙纹在继承蛇龙、鳄龙等原始龙纹的基础之上，又具有了鸟、象、鹿、马等动物的特点，形象上更为怪异神秘、绚烂瑰丽。商代龙纹是青铜器装饰图案中最优秀的作品之一，代表了时代铸铜工艺的最高水平。它涵容化用"百物"特点，奠立了后世龙形象的基本特征，体现了中华文明协和万邦、海纳百川的博大胸怀。随着华夏民族和中国概念的确立，龙的形象更趋成熟化与格套化，最终成为中国的象征和代表。

综上，考古学视野下中华龙的起源与演变大致经历了三个阶段：仰韶时代以单一动物为原型的龙纹；龙山时代以鳄鱼、蛇纹为主体兼取一两种动物特征的龙纹；夏商时期以鳄、蛇为主体，兼容鱼、虎、鹿、鸟等多种动物特征的龙纹。龙纹从孕育到滥觞，经过仰韶和龙山时代的发展传承，夏商时期的协和融通，最终风驰雷动、孕育成形，奠立起后世龙的基本格制。中华龙的形象，是撷取拼合多种动物交融的神物，其形成与演变过程正是中华文明不断发展的真实写照：从仰韶时代以中原为主星，带动周边满天星斗；到龙山时代的逐渐融合，最终形成夏商时期多元一体的格局。经历数千年的创造、演进、融合与涵育，龙最终升华为中华民族的精神象征、文化标志、信仰载体和情感纽带。

（作者系国家社科基金重大项目"河南焦作府城遗址考古发掘资料整理与综合研究"首席专家，首都师范大学教授）

中华文明的宏大进程孕育多元一体、协和万邦的文明基因

李新伟

中华文明五千年是古史传说，还是有确凿考古证据的事实？我们多民族统一国家的最初雏形是什么时候出现的？

考古学自从在中国诞生之日起，就肩负重建中国古史的重任，漫漫百年，初心未改，成果丰硕。高坛贵冢、琼璜璧钺、万邦林立、撞击熔合，惊世的考古发现，展示了中华文明形成的宏大进程、讲述着中国特色文明基因形成的故事。

自1921年诞生之日起，中国考古学就肩负起重建被"古史辨"派打破的中国上古史的重任，百年来初心未改，以丰富的考古资料为中华文明5000多年的悠久历史提供实证。中华文明的形成历程在与《禹贡》九州相当的辽阔地理范围内展开，经历了考古学家苏秉琦提出的"裂变、撞击和熔合"三个阶段，孕育出多元一体、协和万邦的文明基因，为其绵延不断、持续发展壮大奠定了深厚根基。

区域文化"裂变"催生多元传统

大约万年之前，中国先民即开启了南稻北粟的农作物驯化进程。在距今8500年至7000年之间，随着农业经济形态的逐步确立和发展，各地史前社会普遍发生"裂变"，基于本地自然环境和文化传统迈出了文明化进程的第一步。

这主要表现为数万平方米的聚落、大型房屋、精美器物、随葬品较丰富的墓葬出现，以及原始宗教的初步发展等。在以黄河流域为中心的磁山—裴李岗文化中，河北磁山遗址发现80个有小米遗存的储藏坑，估计可以容纳小米5万公斤。河南贾湖遗址墓葬中随葬音律精准的骨笛（图1）、绿松石器和有刻画符号的龟甲等。在长江流域，浙江上山文化的桥头遗址发现了类似八卦图像的精致陶器；湖南高庙文化遗址的精美白陶器有繁缛的戳印图案，如代表天极的獠牙神兽和维护天极运转的神鸟（图2），具有丰富的宇宙观和宗教内涵，掀起史前时代第一次艺术浪潮，对整个长江流域的宗教传统产生了深远影响。辽河流域的内蒙古兴隆洼遗址形成3万多平方米的环壕聚落，内有成排的房屋百余间，中心位置的大型房屋有人猪合葬墓，玉器成为标志身份的饰品，显现出重视宗教权力的社会发展趋势。

距今7000年至6000年，各地史前文化蓬勃发展。黄河中上游，仰韶文化的半坡类型出现风格鲜明的彩陶，陕西姜寨遗址有壕沟围护，中心为广场，五组房屋环绕分布，表明对亲族关系的重视。黄河下游的大汶口文化早期墓地表现出更明确的等级差别。长江下游的河姆渡文化发现稻田遗迹和丰厚的稻壳堆积，各类器物上的刻画图案同样展现天极神兽和神鸟等元素；马家浜文化墓葬随葬玉器。辽河流域的赵宝沟文化尊型器上有猪龙、飞鸟和飞鹿的精细刻画图像。这些

图1　贾湖遗址出土骨笛

图2　高庙文化白陶上双翅有獠牙兽面的神鸟的戳印图像

各具区域性特征的"裂变"形成不同的文化传统，为下一阶段各地区"满天星斗"般的跨越式发展和区域间密切互动奠定了基础。

"撞击"形成"多元一体"的"最初的中国"

"撞击"阶段始自距今约6000年前，中国史前时代进入转折期，各地区社会复杂化加剧，苏秉琦定义的"高于氏族部落的、稳定的、独立的政治实体"——"古国"纷纷涌现；同时，区域互动"撞击"密切，形成"社会上层远距离交流网"。

在黄河下游，时值大汶口文化早期晚段，大汶口墓地M2005随葬品共有104件。长江下游的江苏东山村遗址发现崧泽文化迄今最高规格墓葬，其中M91随葬14件玉器。在长江中游，湖北大溪文化晚期墓地中等级差别明显。上述三个文化均重视财富、身份和世俗权力的宣示，缺乏宗教仪式用品。黄河中上游的仰韶文化进入庙底沟时期，其核心地带的河南灵宝铸鼎原遗址密集，北阳平遗址面积近100万平方米。面积40多万平方米的西坡遗址的中心位置为广场，四角有大型公共建筑，最大者占地面积达500余平方米。庙底沟社会同样重视世俗威望和权力，但偏重公共设施的建设和集体礼仪活动的组织，并不以奢华墓葬表达个人身份。安徽凌家滩遗址出现祭坛和随葬大量玉器、石器的大型墓葬，07M23出土随葬品330件，包括玉器200件（图3），有长72厘米、重达88公斤的玉猪。在辽河流域，红山文化的发展达到顶峰，出现辽宁牛河梁遗址群，在方圆50平方公里内，集中分布着祭坛、冢墓和"女神庙"，大型墓葬随葬玉猪龙和勾云形器等有特殊内涵的玉器（图4）。在这两个文化中，宗教权力均明显占有更重要的地位，红山文化更是形成了牛河梁这样的与世俗居住区隔绝的仪式圣地。

图3　凌家滩遗址墓葬M23

图4　台北故宫博物院藏红山文化鸟驮天极神兽玉器

中国史前社会在上述多元发展的同时，各地社会上层为获取远方的珍稀物品和神圣知识以宣示自己超越本地民众的特殊能力，努力开展远距离交流，形成连接各主要文化区的交流网络。交流内容包括原始宇宙观、天文历法、高级物品制作技术、权力表达方式、丧葬和祭祀礼仪等当时最先进的文化精粹。这样的交流催生了一个在地域和文化上均与历史时期中国契合的文化共同体，考古学家张光直称之为"中国相互作用圈"和"最初的中国"。至此，中国史前时代形成了"多元一体"式文明演进的宏大格局。

各地区"古国"是否已经对此"最初的中国"形成了某种"共识"呢？答案是肯定的。

踊跃参与区域间交流的社会上层应该采取了亲身远距离旅行的方式，这主要有两个原因：第一，上层交流的内容包括密不示人的神秘知识，如怎样在特定的地点观测特殊天象，如何食用特殊药品、配合特殊的肢体动作和意念导引进入萨满通神状态等，这些都需要面传身授；第二，对于社会上层来说，跋山涉水、经历不同自然地理和人文环境的长距离旅行是本地一般民众难以完成的壮举，也是提高自己威望的最佳方式。相信他们在每一次远游后，都会以某种方式记录见闻，勾画最初的"山海经"和"九州图"，展示给本地民众。"最初的中国"的地理范围、山川形势和物产人文成为高级知识的重要组成部分和社会上层的必修课，代代相传。经过长时间的积累和传授，各地区自然会逐渐形成对彼此共同拥有的、可以相互交流、可以共享核心文化要素的"最初的中国"的共识。苏秉琦提出的"共识的中国"已经出现，费孝通论述的"自在的"中华民族初步形成。从这个意义上说，我们的统一多民族国家的根源可以追溯到距今5000多年的史前时代，"中华文明五千年"绝非虚言。

良渚早期国家的"熔合"式构建

"古国"如"满天星斗"熠熠生辉，各类型政治构想被广泛实践，各地区的"撞击"不断迸发新的火花，造就更具雄心的领导者。距今约5300年时，中华文明的形成进入"熔合"阶段，长江下游的良渚文化成为"熔合"式发展的第一个典型：在更宏大的政治理想的促动下，有目的地借鉴各地区"古国"的兴衰经验和"领导策略"，首次完成了构建早期国家的政治实践。

图5　良渚文化玉琮

浙江良渚遗址群为良渚政体的核心区，其中良渚古城分为三重，内城面积约300万平方米，外有郭城，总面积达800万平方米。内城中心为人工堆筑的面积达30万平方米的莫角山，上有数十处大型建筑基址，为中国史前最早的宫殿区。王陵区在宫殿区西侧，大型墓葬随葬精美的玉器、石器、漆器和丝织品，以礼仪性玉钺展示王权和军权，以玉琮（图5）、玉璧展示宗教权力。周边有规模庞大的水利设施，包括阻挡山洪的土筑水坝和引水渠道，水利调节面积达100平方千米以上。整个古城系统土石方工程总量1005万立方米，在当时位居世界前列。古城内仓储区发现稻谷遗存195吨，附近的茅山遗址发现5.5万平方米稻田，被称作"国营"农场，反映了稻作农业的高度发展和国家对农产品的掌控。古城周围玉器作坊的发现则表明国家控制的特殊物品手工业的发展。良渚文化分布的环太湖地区，聚落等级清晰，以玉器为核心的宗教信仰及礼制系统具有广泛的一致性。因此，学界普遍认为良渚文化已经形成相当于早期国家的高级政体。2019年，良渚古城被列入世界文化遗产名录，表明国际学界对其文明发展水平的认可。

良渚文化主体由崧泽文化发展而来，但反映宇宙观和宗教信仰的玉器明显源自凌家滩文化；玉器上精雕的獠牙兽面又体现出与红山文化的密切联系。以宗教力量凝聚广大区域内社会集团的实践是红山文化开创的，这无疑对良渚社会以宗教权力为核心的早期国家构建产生了示范作用。良渚文化取得的社会发展正是对其前的凌家滩、崧泽和红山社会发展经验充分"熔合"的结果。

"协和万邦"理想的形成和初步实践

距今4300年前后，良渚文化解体，如一石入水，激起千重波浪。山东、河南和江汉地区的龙山文化社会吸取良渚社会成败的经验教训，在动荡中高速发展，出现大量城址，形成与古史记载契合的"万邦林立"的政治景观。在文献记载的帝尧活动的核心地带晋南地区，陶寺文化采取更广泛的"熔合"策略，完成又一次早期国家的构建。尤为引人注意的是，考古发现显示，陶寺的领导者很可能已经胸怀"协和万邦"的政治理想并付诸实践，其核心内容包括：吸收"万邦"的优秀文明成果，"熔合"为更成熟的礼仪制度；以核心引领者的地位推动"万邦"一体化进程；以"光被四表"式的文化怀柔为一体化的基本方略。

陶寺城址面积近300万平方米，近年确认了外城内的宫城及其中的大型夯土宫殿建筑。2002年发现的贵族墓葬面积约20平方米，随葬品超过百件，有漆柄玉钺、漆木杖、玉器等高等级物品（图6），并有1名殉人和猪10头。2003年发现天文观测设施，并出土朱书陶文。陶寺遗址具有从燕山北侧到长江以南广大地域的综合体性质：其典型陶器具有山东、河南、江汉、西北和关中地区龙山时代文化因素；玉琮、玉璧和大型厨刀继承了良渚文化的传统；透雕兽面玉佩受到江汉地区后石家河文化的影响（图7）；鳄鱼皮制作的"鼍鼓"来自山东龙山文化；铃和齿轮形器等铜器则受到西北地区的影响。陶寺显贵阶层的特大型墓葬中着意展示来自不同地区的仪式用品，可见熔合四方礼仪已经成为陶寺社会上层的领导策略。这种超越良渚社会的"熔合"方略和对自己在万邦中核心地位的彰显，表明陶寺王者已心怀苏秉琦所说的广域一统的"理想的中国"的政治蓝图。《尚书·尧典》中提到的尧分命羲和、羲叔、和仲、和叔宅于四方，"历象日月星辰，敬授民时"，也许不能仅以"传说"视之，而是以天文之名行人文之实的促进各地区一体化进程的政治实践；"协和万邦"和"光被四表"也并非完全是后代的追颂，当时的天下政治态势或为其"真实的素地"。

《禹贡》和第一王朝的建立

距今约3800年，与夏王朝对应的二里头文化继续践行"协和万

图6　陶寺遗址大型墓葬出土龙盘

图7　后石家河文化獠牙神面

邦"的政治理念，完成了具有划时代意义的中国历史上第一个王朝的构建。

　　在龙山时代，孕育了二里头文化的环嵩山地区没有可与陶寺匹敌的政体，二里头文化大至政治理想蓝图和权力表达方式，小至宫殿建筑技术和绿松石镶嵌技法（图8，图9，图10），都可以在陶寺和其他龙山时代文化中找到可以借鉴的榜样。二里头遗址发现了来自南方的印纹硬陶、鸭形壶和海贝，来自西北地区的青铜战斧和环首刀，来自东方的酒器，后石家河文化风格的玉器，表明二里头王朝的形成并

图8　二里头文化绿松石镶嵌铜牌

图9　二里头遗址墓葬2002VM3绿松石龙，2000多片绿松石镶嵌而成，身长约64厘米

图10　绿松石龙头部

非"禹生于石"那样的"断裂"式横空出世，而如"伯禹腹鲧"，是环嵩山地区龙山社会与各地区在风云际会中激荡碰撞、熔合互鉴的结果。因此，高居二里头宫殿中的王者才能形成胸怀天下的政治理想，以最强大的文化中心的地位，在一个甚至超出九州的地理范围内施展政治、经济和军事手段，获取资源、推广礼仪。在盛产铜矿和食盐的中条山脉及运城盆地、铜矿资源最丰富的长江中下游地区，都发现了包含二里头文化因素的遗址，这很可能与二里头获取资源的努力有关。更有资料表明，为了获取铜和铅，二里头与辽西地区的夏家店下层文化也建立了密切的关系。在以各种方式获取四方的自然和文化资源的同时，二里头文化也表现出强大的文化扩张力和文化怀柔方略，"向四围发射出超越自然地理单元和文化屏障的强力冲击波"，其牙璋等礼器传播四方。

我们今天看到的《禹贡》约成书于战国时期，但正如王国维在《古史新证》中所言，"禹迹"和"九州"之说在商周时期已经盛行。《禹贡》应被视为推进各地区一体化进程的极具中国政治智慧的宣传方案：禹踏遍九州，开山导川，治平水土，"禹迹"所到之处，如文明之光普照，宜居宜耕，物产丰富，成为与蛮荒之地迥然有别的文明世界；禹的英雄功绩和"三过家门而不入"、无私无我、惠民利民的高尚品德，将九州万邦协和为一体；一体的九州由一个像禹一样的圣王统治，四方朝服纳贡也有了充分的理由。文献中关于禹的丰富记载和考古学揭示的二里头文化的"王朝气象"让我们有理由相信：二里头的王者已经具备实施禹一样的政治抱负的政治动机、知识储备和运作能力，《禹贡》的最初版本可能正是他们宣扬其政治理想、辅助其政治实践的作品。

独特的中华文明形成道路

两河流域、古埃及、印度河流域和中美地区等世界其他原生文明诞生地的形成空间均不过数十万平方公里，唯有中华文明的形成如此气魄恢宏，在覆盖长江、黄河及辽河流域的面积近300万平方公里的范围内，以多元一体的形式展开。美国学者华翰维把早期国家的形成视为政治实验的过程，其中包括一系列建立王权的尝试。张光直则指出中国的文明发展和国家形成是"靠政治性的措施造成的"。正因为在如此广大的空间中经历了各地区文化的"裂变""撞击"和"融合"，中华文明才孕育出"协和万邦"的文明基因，产生推动各地区一体化的宏大政治构想。正是在此基础上，周人才能在距今3000多年前就以分封制完成了"普天之下，莫非王土"的政治抱负，将"理想的中国"落实为"现实的中国"，创建了人类文明史上第一个多民族统一的政体，此后不断发展壮大，绵延至今。放眼世界，在疆域和理念上略可与之匹敌的古波斯帝国的形成是600年以后的事了，而且转瞬即逝。

上述对中华文明形成历程的考古探源清晰揭示，我们的文明在形成之初就孕育了独特的以"协和万邦"理念构建多民族统一国家的基因，解读历史时期中国发展、坚守道路自信的理论框架自应以此为基础。

（作者系国家社科基金重大项目"河南灵宝西坡遗址综合研究"首席专家，中国社会科学院考古研究所研究员）

史料传承篇

回眸与展望：百廿年来的甲骨文考释

齐航福

"一片甲骨惊天下"，甲骨文的发现是一件划时代的大事。甲骨文内容丰富，数量众多，而破译难度之大，或不亚于一颗超新星的发现。

甲骨文是如何被破译出来的？今天已经破译了多少？还有多少难啃的"硬骨头"等待我们？让我们一起看看120年来的甲骨文考释进展如何。

殷墟甲骨文距今已有3000多年的历史，它是目前发现最早的成系统的汉语言材料。其数量众多，大约有16万片，不重复的单字字头约有4500个。甲骨文的内容极其宏富，涉及战争、祭祀、畋猎、气象、交通、建筑、教育、贡纳、生育、疾患等诸多方面，因此它是研究我国殷商时期的语言、古史，乃至思想、社会文化的第一手资料。

甲骨文的考释，在甲骨学研究中是一项极为重要的基础性工作，历来深受学界重视。早在1903年，我国第一部甲骨文著录书《铁云藏龟》问世时，作者刘鹗就已经考释了60多个字，其中考释可能正确的有40多个，包括20多个干支字和数字。但对于当时的人们来说，

图1　《甲骨文合集》10405反：我国最早的彩虹记录

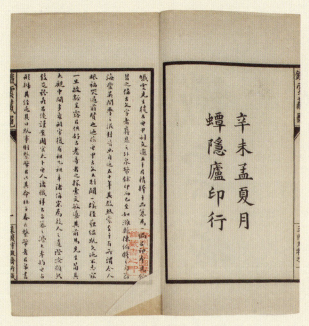

图2　《铁云藏龟》

甲骨文依然是个谜，释读工作还算不上真正开始。120多年来，经过孙诒让、罗振玉、王国维、郭沫若、唐兰、于省吾、李学勤、裘锡圭等一代又一代学者的不懈努力，已经约有1500个字头被成功识别出来，殷墟甲骨文中的大多数辞例也基本得到了正确的释读。

筚路蓝缕，开拓榛莽——"朴学大师"孙诒让的甲骨文考释

　　孙诒让，晚清著名经学家，享有"晚清经学后殿""朴学大师""三百年绝等双"之誉。深厚的经学功底，使得他后来成为一位颇有素养的古文字学家。他是最早考释甲骨文的学者之一，著有《契文举例》《名原》等。

　　1904年，孙诒让根据当时唯一能够见到的甲骨文著录书《铁云藏龟》中所收录的1058片龟甲拓片，仅用短短两个月的时间，

图3　孙诒让

就写成了甲骨学史上首部研究专著《契文举例》。书中考释了300多字，其中已正确释读出"殷""亘""贞""叀""羌""若""易""乘""射""去""省""禽""周""毋"等一些十分常见但考释难度较大的字。1905年，孙诒让又著《名原》一书，总结出古文字字形比较和偏旁分析法，开创了以甲骨文考证古文字之先例。

　　《契文举例》是甲骨文考释的开山之作。以后来的眼光来看，书中有不少错误，所以罗振玉、王国维等学者对其评价不高，但当时所见甲骨材料非常有限，错误实在难免。正如陈梦家所指出的那样，孙氏将不同时代的铭文加以偏旁分析，藉此种手段，用来追寻文字在演

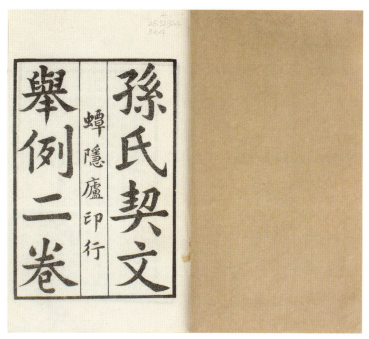

图4　《契文举例》

变发展之中的沿革大例。他对于古文字学的最大贡献，就在于此。在甲骨文字考释上，孙氏有开山之功，他是初步较有系统地认识甲骨文字的第一人。

全面展开，各有侧重——"甲骨四堂"的甲骨文考释

"甲骨四堂"是指中国近现代史上四位著名的甲骨学者：罗振玉（号雪堂）、王国维（号观堂）、郭沫若（字鼎堂）、董作宾（字彦堂）。孙诒让之后，甲骨四堂对于甲骨文的研究全面展开，而且各有侧重。唐兰曾说，"自雪堂导夫先路，观堂继以考史，彦堂区其时代，鼎堂发其辞例，固已极一时之盛"，可谓至确。

"四堂"之中，雪堂导夫先路，甲骨文考释成就尤为显著。在

流亡日本的近9年间，罗振玉著有《殷商贞卜文字考》《殷虚书契考释》（初版本）等多部甲骨研究专著。《殷虚书契考释》集中体现了其考释甲骨文的成果，"文字"章共释形音义全部可知者485字，他"由许书以溯金文，由金文以窥书契，穷其蓄变，渐得指归"。该书增订本考释571字，杂乱无章的卜辞始得以通读。王国维对罗振玉的甲骨文考释极其推崇，他曾在《最近二三十年中中国新发见之学问》中说："审释文字，自以罗氏为第一。"陈梦家评价说："罗氏在《考释》以前的诸作，就文字审释而论，都还是不甚成熟。《考释》的写定，才逐渐的较为精密地审核每一个字。"

图5　罗振玉

　　王国维著《戬寿堂所藏殷虚文字考释》《殷卜辞中所见先公先王考》《殷卜辞中所见先公先王续考》《殷虚卜辞中所见地名考》《殷礼征文》《殷周制度论》《古史新证》等，提出了将"纸上之材料"与"地下之新材料"结合的"二重证据法"，把古文字与古史很好地结合起来。其考释方法是"苟考之史事与制度文物，以知其时代之情状；本之《诗》《书》，以求其文之义例；考之古音，以通其义之假借；参之彝器，以验其文字之变化。由此而之彼，即甲以推乙，则于字之不可释、义之不可通者，必间有获焉"（《毛公鼎考释》序），不仅在古史研究上开辟了新的领域，而且使得文字考释有了更坚挺的证据。

图6　王国维

图7　郭沫若

郭沫若在历史唯物主义指导下进行古文字研究，著有《中国古代社会研究》《甲骨文字研究》等书。他借鉴了清代朴学的考证方法，以世界文化史与中国古代社会历史为广阔的背景，把古文字研究和古史探讨相结合，既通过对甲骨文字的考释阐述商代社会状况，又通过相关历史文化背景提供文字考释的佐证，二者的结合相得益彰。其中《释臣宰》一文，详细论证"臣民"与"宰"的构形本义，认为"臣民均古之奴隶，宰亦犹臣"，指出商代是奴隶社会。

图8　董作宾

董作宾著有《大龟四版考释》这一甲骨考释的名篇，不过其最重要的贡献在于创立了甲骨分期理论。1933年，他在《甲骨文断代研究例》中创造性地提出甲骨分期的"五期"说，并列出了"十项标准"，从而凿开了殷商273年甲骨的一团混沌，把甲骨学研究推向了新高度。尽管后来经过贝冢茂树、陈梦家、李学勤、裘锡圭、林沄、黄天树、彭裕商、刘一曼、曹定云、常玉芝等学者的不断探索，分期理论得到了不少修订与完善，但董作宾的开创之功实不可没。近年来，越来越多的学者，如陈剑、王子杨等，已经意识到分期分类对甲骨文字考释的重要性，或提出一种新的文字考释方法，谓"分期分类考察法"，亦称"类组考察法"。

深入探索，渐成理论——"甲骨五老"的甲骨文考释

"甲骨五老"是指"甲骨四堂"之后为甲骨学研究做出重大贡献的五位学者：唐兰、于省吾、商承祚、胡厚宣、陈梦家。"五老"之中，尤以唐兰、于省吾的甲骨文考释成绩突出。

唐兰利用自然分类法和偏旁分析法研究古文字，著有《殷虚文字记》《天壤阁甲骨文存》《甲骨文自然分类简编》《古文字学导论》等，考释出甲骨文字100多个。他强调，认清字形最为重要，而认清字形的方法，首先要知道，字形变化虽繁，但都有规律可循。在考释实践中，唐兰对考释方法加以理论化，总结出"对照法""推勘法""偏旁分析法""历史考证法"等四种方法，力图

图9　唐兰

把文字考释建立在科学的基础上。他正式将偏旁分析确定为考释方法，此法确有"触类旁通"之效，由于他识别出甲骨文中的"斤"旁，所以包括"折""兵""斧""新""斫"等在内的20多个从斤之字被一并释出。此外，关于汉字构造，针对传统的"六书"说，唐兰创造性地提出"三书说"，即象形文字、象意文字和形声文字。

图10　于省吾

于省吾著有《双剑誃殷契骈枝》及《续编》《三编》《甲骨文字释林》等，其中《释林》是其考释成果的总结性著作，纠正及新释甲骨文300个左右，如释"心"、释"春"、释"羌"、释"美"等。在甲骨文考释方面，

图11　《甲骨文字释林》

于省吾之所以能够屡有创获，与其能够将前人合理的考释方法加以继承，并积极探索新途径密切相关。他创造性地运用辩证法，对文字的点画或偏旁以及它和音、义的关系作出精辟的分析。他明确指出，早期古文字中的独体象形字的某一部分带有声符是形声字的萌芽，但它与合体形声字截然不同。"独体形声字"的说法实为于省吾所首倡。

论证严密，考释精到——裘锡圭的甲骨文考释

甲骨文研究中有"南裘北李"的说法，其中"南裘"是指复旦大学裘锡圭，"北李"是指清华大学李学勤。李学勤视野开阔，以甲骨分期、利用出土古文字研究三代历史思想文化见长。裘锡圭功力深厚，尤其擅长于甲骨、金文、简牍、帛书文字的考释等。

在甲骨文考释方面，学者或称裘锡圭为"高手中的高手"。1961年，他的《甲骨文中所见的商代五刑》发表，第一篇文字考释之作就引起学界关注。此后，裘锡圭又陆续发表一系列甲骨文考释之作，如释"弜"、释"求"、释"勿""發"、释"卒"、释"柲"、释"衍""侃"、说"囧"、说"婤"等。这些成果已集中收录于《古文字论集》、《裘锡圭学术文集》（甲骨文卷）之中。裘锡圭精通历史学、考古学、语言学，因此往往论证严密、考释精到，解决了不少长期困扰学界的"疑难字"。

图12　裘锡圭

　　裘锡圭认为唐兰批判六书说对文字学的发展起了促进作用，但其三书说却没有多少价值。陈梦家在《殷虚卜辞综述》里也曾提出过三书说，即象形、假借、形声。裘锡圭指出，陈氏的三书说基本合理，只是象形应改为表意。

多维展开，攻坚克难——当代学人的使命担当

　　除裘锡圭外，当代学者中还有不少甲骨文考释佳作，如林沄释"王"，黄锡全释"祸"，黄德宽释"叕"，刘钊释"雨不正"、释"疫"，赵平安释"逸"、释"鞠"，沈培释"登"，徐宝贵释"肩"，陈剑释"徹"、释"遊"、释"速"，姚萱释"瘳"，蒋玉斌释"列"、释"蠢"，王子杨释"同"、释"穽"，周忠兵释"焦"，单育辰释"兔"，杨安释"助"等。

但是，由于甲骨的残断、拓片的不清以及对字词、句读和辞例理解的不同等诸多因素，还有相当一部分字词的考释、辞例的解读等在甲骨学界仍然存在不小的分歧。而且，对于甲骨文考释工作，无论是在社会上，还是在学术界中，均一定程度上存在视野不宽的现象。我们认为，甲骨文考释工作任重而道远，至少应在四个维度上同时展开。

甲骨文的今字判定。甲骨文中的某字相当于今天的某字，这是狭义上的甲骨文考释，是针对未识字而言的。在未被考释出的甲骨文字中，大部分是人名、地名或族氏名等专有名词，但也有一些出现次数较多的重要字形，大都是十分难啃的"硬骨头"。对其判定，仍是今后一段时间内甲骨文考释的首要工作。

甲骨文的今字确释。甲骨文中的某字究竟相当于今天的某字，长期以来学界认识并不统一，经过深入研究后确认某一种观点可从。这是对悬而未决之字的考释。蒋玉斌释"蠢"、黄锡全释"祸"属此例。

甲骨文的今字改释。甲骨文中的某字，前人已考释出相当于今天的某字，但后人作出了另一种考释，这是针对甲骨文中的已识字而言的。王子杨释"同"、谢明文释"或"属此例。

甲骨文的用法考定。不管是已识字还是未识字，均有其在甲骨文中某些用法不明的情况，确有深入考辨之必要，这是针对所有甲骨文而言的，是甲骨文考释的应有之义。刘钊释"雨不正"，沈培释"登"属此例。

"未识字"中有不少可能就是死文字。对于这些死文字，弄清楚其在甲骨材料中的具体用法也很有必要。即便是已识字，在不少辞例中的具体含义，甚至其词性都难以确定，如"惠可用于宗父甲"

（《英国》2267）中的"可"，"土方侵我田十人"（《合集》6057反）中的"十人"，"于上甲于河"（《合集》1186）中的两个"于"。也有不少辞例，如"高祖河"（《合集》32038），黄类卜辞中常见的"其＋牲名＋正"结构，其句读应该如何很值得讨论。

　　综上，正确的释文是通读甲骨文的关键，是利用甲骨文进行深入综合研究的基础。学界为此做了很多工作，但尚有大量工作需要进一步精细化。甲骨文考释有多个维度，其中"甲骨文的今字判定"仍是今后需要学界持续关注的首要工作，主要解决那些出现次数较多的重要字形。在研究视角上，不应局限于狭义的考释，尤其是应对所有甲骨文的不明用法进行考辨，对大量甲骨疑难辞例的句读及其语法关系进行分析。"甲骨文的用法考定"也是甲骨文考释的应有之义，甚至有进一步强化的必要。

　　甲骨文的考释，或可形象地称之为甲骨文的破译，其难度之大，或不亚于一颗超新星的发现。啃"硬骨头"，需要"攻坚战"。在社会广泛关注，"一字千金"的承诺下，甲骨学者要继续坐稳"冷板凳"，充分利用大数据在搜集材料方面带来的便利，重视甲骨分类断代理论，以及甲骨著录新成果、较清晰的旧著录书、大量缀合成果等，发挥语法分析在疑难辞例疏通方面特有的优势，给目前运用传统手段研究陷于窘境的甲骨文字考释工作提供新思路，从而有助于甲骨学与殷商文化研究的深入发展。

　　　（作者系国家社科基金冷门"绝学"和国别史等研究专项"殷墟甲骨文疑难辞例疏证"课题组负责人，郑州大学教授）

青铜器铭文：中华私人写作的起源

丁　进

　　青铜器铭文是跨越历史时空展现在我们面前的上古遗爱，一篇铭文就是一处宝藏，"一字千金"也不足以形容铭文的价值。这一块块上古历史的"拼图"，记录着上古贵族的荣耀、愿望和思想，开启了中华私人写作新的一页。

　　青铜器铭文记载了哪些内容？是如何反映上古历史的？在中华文化史上的地位如何？让我们走进青铜器铭文的殿堂，一起领略它的风采。

　　中华古代史官文化发达，史官传统悠久，传世上古文献大多为史官所撰写。史官站在官方立场撰写文献，很少表达个人的思想感情，不能算作私人性质的著述，因而学术界普遍认为，中华真正的私人著述要到春秋战国时期诸子百家的兴起。然而商周青铜器铭文以自己精美的作品向世人展示：青铜器铭文才是中华私人写作的源头。

　　从原始绘画到撰写文章是人类文化的一次飞跃。中华古人在新石器时代就已经在彩陶上创作"狂野"的图案，却没有想到在彩陶上撰写文章。在工艺品上刻写文章要到青铜时代的晚商时期。最初的铭文只是简单的族徽文字、器主名字和祖考庙号，起到标识和区别用途的作用，到晚商时期开始出现成篇的记事铭文。晚商贵族邲其就撰写了优秀的记事铭文"邲其三卣铭"，为西周人撰写铭文提供了范本。周人克商后迅速学会了殷人发明的这种写作艺术。武王帐下一位名岁字利的官员撰写了利簋铭（图1，图2），记叙自己成功预测牧野之战结果的荣耀。同时还有一位重要的大臣天亡，此人撰写了天亡簋铭，记叙自己在武王伐商后第十二天举行的盛大"会同礼"仪式上协助武王祭祀文王，并在第十四天大飨礼仪式上受到赏赐的荣耀。以这两篇杰作为开端，西周铭文作家开始了自己丰富多彩的铭文创作历程。

图1　利簋

图2　利簋铭文

铭文作家从多个视角记录了商周历史

铭文创作属于私人化写作，一篇篇铭文就是一块块历史拼图。将各个历史时期的铭文汇集起来就形成宏伟的历史画卷。铭文作家凭借个人的铭文，不仅将自己写进了商周历史中，还在史官之外从另一种视角完成了历史记叙。

二次伐商与周公东征是周初重大历史事件，目前发现四十多位铭文作家撰写了相关铭文。其中鲁侯伯禽作禽簋铭，记叙在周公东征中讨伐奄侯战役，周公负责战役谋划，器主伯禽自己负责祷祝活动。刚劫卣盖铭记叙器主刚劫跟随周成王讨伐奄侯的情况。塱方鼎铭记叙周公东征中讨伐东夷丰伯、薄姑战役以及得胜归来举行献俘礼情况。小臣单觯铭记叙器主跟随周成王二次伐商归来，在成周获得赏赐情况。沫司徒疑簋铭记载二次伐商后，周成王分封卫康叔于卫的情况。这些铭文从一个个历史参与者视角描述周初惊心动魄的二次伐商与周公东征事件，构成一组周初历史的宏伟画卷。

周成王"岐阳之盟"是足以与周武王"孟津之誓"相提并论的重大政治事件。关于这次会盟，传世文献只有片言只语的记载。最近在湖北随州叶家山出土的荆子鼎铭记载了楚子与会的情况。学者们以荆子鼎铭为线索，发现在"岐阳之盟"中周成王分封了卫侯、唐侯、鲁侯等"殷东国五侯"，还分封了召公奭于匽；保卣铭中的"贶六品"，即匽侯克盉铭中的"羌、马、叡、雩、御、微"这"殷民六族"。这样，一批铭文串联起来，"岐阳之盟"的轮廓清晰显现。

周康王时期号称"刑错四十余年而不用"，贵族南宫盂撰写的小盂鼎铭显示，周康王二十五年爆发了西周与"鬼方"的大规模战争。南宫盂作为西周军队的统帅，一次战役就俘虏了鬼方一万三千人，可见战争规模之大。这是一次史书失载的战役，这次战役的重要性和汉武帝北伐匈奴相当，这一战奠定了西周作为世界大国的地位。

昭王南征是西周历史上的重大事件，传世文献大多语焉不详，而反映这一事件的青铜器铭文却多达数十篇。过伯簋铭反映淮河中游的涡伯也协助昭王参与南征战役；作册夨觥铭显示，为牵制淮夷威胁南征，昭王还曾用土地笼络淮北的相侯国。𣄰簋铭显示，周昭王二次南征以成周为大后方，调集各种力量。昭王麾下将军启所作启尊铭、启卣盖铭显示，昭王首次南征采用了战略欺骗手法，昭王伪装成剿灭山贼，率领大军出南山，到达战略要地上侯，出其不意地进入汉中。昭王麾下另一位将军南宫中更是创作了四篇相关铭文。中觯铭记载昭王任命南宫中为先行官，负责南征的交通保障、兵站建设、粮草征集。中甗铭记载器主到南国各邦国征集粮草、巡查交通、建设兵站取得进展而受赏赐的情况。更为有趣的是，中鼎铭有"中呼归生凤于王"的记载，即器主在大战前夕受命转交南国馈赠昭王的活"凤凰"，从而为屈原《天问》"昭后成游，南土爰底。厥利惟何，逢彼白雉"中的"逢彼白雉"作了最好的注解，与清人蒋骥《山带阁注楚辞》所引《竹书纪年》"昭王末年，荆人卑词致于王，曰愿献白雉，乃密使汉滨之人胶船以待"互相印证。

周幽王被杀后，西周还有一个短暂的携王、平王"二王并立"时代。关于携王的活动传世文献所记非常模糊。最新的研究成果显示，著名的虢季子白盘铭作者虢季子白即拥立携王的虢公翰。铭文记叙器主作为统帅率领西周王师打击猃狁，取得重要战果后归来献俘虏，携王举行饮至礼，大飨虢季子白。虢季子白麾下还有一位将军，撰写了一篇不嬰簋铭，与本铭所写是一场战役的不同阶段。通过这两篇铭文我们了解到在携王时期，虢公翰与其麾下将军不嬰曾经大败猃狁，立下赫赫战功。携王在政治斗争中是一个失败者，但这两篇铭文显示，携王并不是一无是处，至少在抗击外敌入侵中有过重要贡献。虢公翰及其部下不嬰凭借自己创作的铭文为自己在中华历史上记下精彩的一笔。

铭文作家将自己的荣耀和思想愿望传之久远

中华古代人才辈出，夏、商、周三代无疑也是如此。然而夏、商时期的贵族留下名字的非常少；到了西周，文化名人突然爆发，上至天子下至士人，数以千计的贵族通过青铜器铭文写作在历史上留下自己的名字。我们今天通过铭文还能读出他们的愿望，看到他们取得的荣耀，体会他们的思想感情。

铭文作者群体中有周天子。周厉王是西周十二王中唯一留下铭文作品的周王，他的三篇铭文都是铭文史上的杰作。传世文献记载周厉王名"胡"，周厉王在自作铭文中自称"㝬"。㝬簋铭写出了自己发扬光大祖考伟业的愿望；五祀㝬钟铭抒发了自己"柔远能迩"的政治理想；宗周钟铭是一篇精彩的纪功铭文，记叙了自己镇压南国及子叛乱的功绩。同时代贵族铭文显示，周厉王曾经成功镇压了南淮夷的叛乱，是一位建立过战功的帝王。西周传世文献关于周厉王的记载多为"负面"书写。周厉王以自己的铭文创作为自己树立了一个充满创建伟业理想的君主形象，在一定程度上"改写了历史"。

西周著名的政治家大多留下铭文作品。周公留下一篇周公作文王方鼎铭，不过铭文只有七字，表达功能远不及收录在《尚书》中的诸诰。召公奭创作了大保簋铭，这是一篇优秀的铭文作品，记载召公奭因讨伐武庚禄父叛乱有功，周成王赏赐太保榆土的荣耀。根据于省吾先生的意见，周初名作天亡簋铭的作者天亡即太公吕望。可见周初三

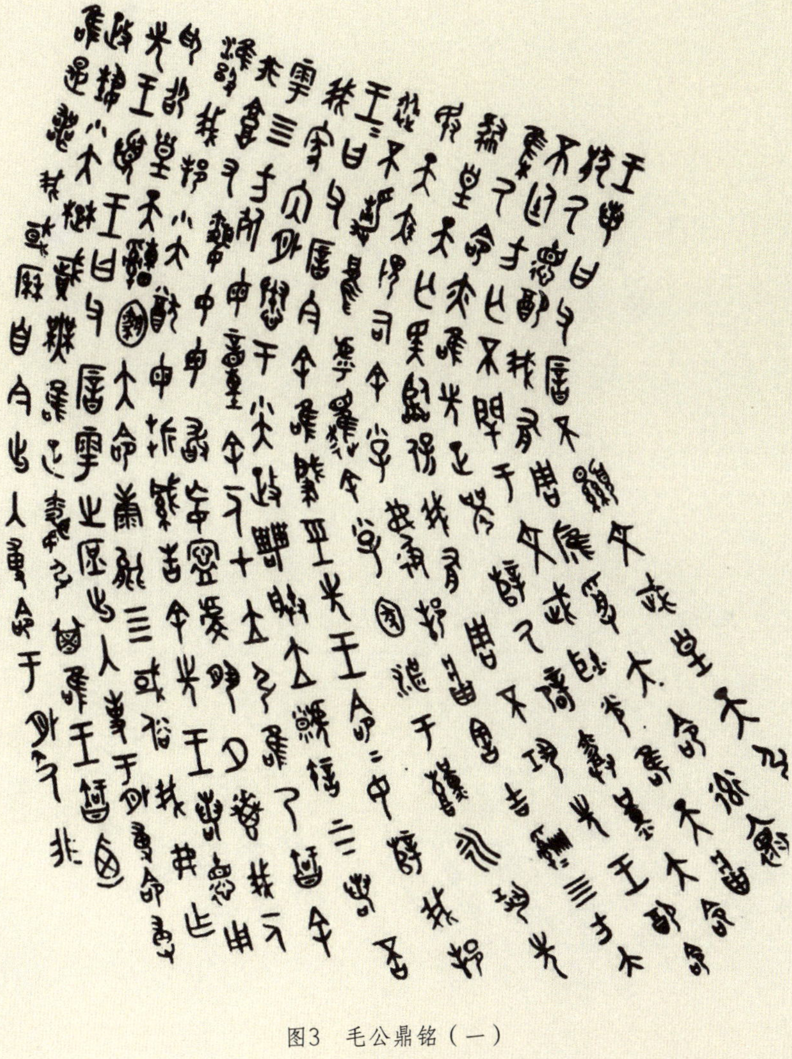

图3　毛公鼎铭（一）

图4　毛公鼎铭（二）

大政治家周公、太公、召公均有铭文传世。

西周诸侯中创作了优秀铭文作品的诸侯更多，其中燕、鲁、晋首封之君都有佳作被发现。燕国首封之君匽侯克创作了匽侯克盉铭，记载周成王因召公奭的功德而封克于匽的荣耀。鲁国首封之君伯禽创作了禽簋铭，记载伯禽父子在伐奄侯战役中的功业。本世纪初在山西曲沃县北赵晋侯墓地出土的带铭的叔夨方鼎，就是晋国首封之君唐叔虞所作。叔夨方鼎铭记载周成王赏赐器主唐叔虞的荣耀。唐叔虞封唐之后，将鼎带到封地，才在本世纪重见于世，让我们见识了西周著名的唐叔亲手创作的铭文。唐国后来改称晋国，北赵晋侯墓地出土了一批历代晋侯创作的铭文。其中晋献侯籍在铭文中自称"晋侯苏"，此人撰写了三百五十五字的晋侯苏编钟铭，记载自己参加周厉王指挥的诸侯联军攻打宿夷战役，在战役中建立了战功，获得周厉王的赏赐。晋侯苏编钟铭是西周最杰出的战争铭文之一。

西周有霸国，传世文献却从未见有记载。本世纪初，山西翼城大河口霸国墓地出土了一批带铭青铜器，其中霸伯尚盂铭、霸伯簋铭、霸伯方簋铭、霸伯盘铭都是西周铭文中的杰作，尤其是霸伯尚盂铭，完整地记载了一次王臣聘问诸侯的聘礼活动，为研究西周礼乐文明提供了翔实的第一手资料。

传世文献也从未记载西周还有一个宜侯国，但20世纪50年代在江苏丹徒烟墩山出土的宜侯夨簋铭却向世人宣示了自己的存在。根据宜侯夨簋铭，作者宜侯夨原来是虞侯，周康王将他改封到宜国。铭文详细记载了周康王举行的册封仪式，以及分封给器主土地、人民、官员、住宅的具体数量，铭文是研究西周分封制度最可靠的材料之一。

诸侯创作的最杰出铭文是周公之胤毛侯国国君创作的毛公鼎铭（图3，图4）。近500字的毛公鼎铭是目前发现的铭文中最长的一篇，是青铜器铭文的巅峰之作。器主毛公记叙了周宣王在册命仪式上的告诫，所记类似于今天官员任职前的诫勉谈话，内容的丰富性即使与《尚书·康诰》相比也不遑多让。器主毛公以自己的铭文创作，为自己在中国文化史上获得了不朽的地位。

王臣是青铜器铭文最大的作者群。在灿若繁星的铭文作家群中，伯克、单逨、史颂、史墙、裘卫、膳夫此、纪大、梁其等都是耀眼的明星，他们的作品是中华早期散文的典范。

伯克一人创作了六篇铭文。其中伯克壶铭记叙自己在伯大师手下任职时获得伯大师赏赐的事情；克钟铭记叙伯克受周孝王派遣，从泾水东岸一直巡查到京师，检查各地落实周王命令的情况；师克盨铭记叙自己获得周王册命，主管左右虎臣的情况；大克鼎铭记叙器主克获得大量的赏田；膳夫克盨铭记叙周王命令史官对器主克的田地和仆庸进行登记造册，落实膳夫克的经济待遇；小克鼎铭记载膳夫克再次受到重用，代表周王到成周整顿成周八师。"伯克六铭"显示，从周夷王十六年到二十三年总共七年时间内，伯克从依赖伯大师的下层官员成长为炙手可热的高级官员：主管天子宫廷膳食的膳夫官。其中大克鼎铭已经进入西周最杰出的铭文作品行列。伯克用铭文创作为自己在西周历史上书写了精彩的一笔。

裘卫是西周王官，以职官司裘之裘为氏。"裘卫六铭"在铭文史上有特殊地位，其中三年卫盉铭、五祀卫鼎铭和九年卫鼎铭都与经济活动有关，是最早的"商品交换"活动铭文，而以九年卫鼎铭最为典型。铭文记叙周王举行大蒐礼，贵族矩为了置办参加大蒐礼的装备，用一片山林与裘卫交换这些装备。铭文详细记载了双方山林交接、山林四至勘定情况。裘卫用自己的创作为我们记录了西周经济活动三个案例，对于今天研究西周经济史具有不可多得的价值。

单逨也是西周王官，此人留下了九篇铭文，其中逨盘铭、四十二年逨鼎铭、四十三年逨鼎铭和逨钟铭都是西周铭文中的长篇杰作。特别是逨盘铭，将自己家族从高祖到器主自己八代与西周十二王王世一一对应起来，是一部史诗性质的作品，证实传世文献关于西周王世的记载准确，代表了贵族世系铭文创作的最高成就。

在铭文作家群体中还有一批女性作者，她们是中华文学中最早的女性作家。这些贵族女性用自己的铭文创作展现了上古女性的情感和愿望。在这些作品中，由姬姓国嫁到霸国的贵族女子霸姬创作的霸姬盘铭最具个性。霸姬盘铭是一篇长铭，记言技巧高超。铭文记叙霸姬与一个叫"气"的贵族打官司的情况，气是败诉一方，铭文将贵族气三次起誓甘愿受罚的誓言记载下来，铭刻于青铜器上流传子孙，一点也不给这个贵族面子，显示了霸姬敢作敢当的"女强人"性格。

青铜器铭文创造了中华写作的多个首次

商周处于中华写作的开创期，青铜器铭文在写作题材方面开创了中华写作的多个第一次。九年乖伯簋铭记载外服诸侯眉敖朝觐周王情况，这是到目前为止中华文学中最早的一篇"国际关系"文献。

鲁矦尊铭记叙鲁侯邀请器主鲁矦为鲁国建筑宫室，将最新的建筑思想带给鲁人。鲁矦果然建成令鲁侯叹为观止的宫室。鲁矦尊铭是中华第一篇记叙土木工程建设的文学作品，鲁矦也是中华建筑美学大师的第一人。

在传世文献中，记载分封诸侯的有收录在《尚书》中的《康诰》。然而《康诰》记录的只是周公在卫康叔动身往封地前的诫勉谈话，至于分封的具体情况《康诰》并没有记载。西周青铜器铭文弥补了这方面的遗憾。匽侯克盉铭是中华文学中第一篇正面记叙封建诸侯情况的铭文，这篇铭文记叙了周成王分封召公奭于燕的缘起，记载了召公奭留王朝而长子克赴封地的史实。铭文还记叙了周成王划拨殷民六族给匽侯克以及匽侯克奔赴封地后迅速建立社稷和职官机构等细节。而周康王时期的宜侯夨簋铭更是中华文学中第一篇最详细的改封诸侯铭文。

西周早期的师旂鼎铭记载了著名的政治家康伯髦处理军事违纪案件情况。将军师旂手下有一批人未能按时汇合参加讨伐方雷的战役，伯髦父开出以罚款替代流放的处罚。这篇奇文是中华军事文学中第一篇记叙战争违纪处罚案件的铭文，是中华军事法律文学的鼻祖。与此相似，曶鼎铭记叙一个盗窃粮草案件的处理情况，是今天我们能够直接看到的中华最早的民事纠纷案例。这两铭文属于中华最早的“法律文学”作品。

𢾨作文母鼎铭感谢母亲亡灵庇护器主，是一篇优秀的“祭母文”，也是中华文学中第一篇“祭母文”。县改簋铭记载伯犀父将县改嫁给县伯，并将女仆礼器送给县改作为陪嫁。县改簋铭是中国文学中第一篇新妇“谢嫁文”，在中华女性文学中占有一席之地。周康王时期还出现了一批与女性有关的青铜器铭文创作，这些女性多为王朝与诸侯后宫的女性管理者，庚嬴所作“庚嬴二铭”以及庚姬尊铭、顶壶铭等开创了西周女性铭文创作的历史，反映了贵族妇女部分生活面貌，这些女性铭文撰写者是中国文学史上第一批女性作家。

史墙盘铭是西周第一篇记叙王朝和家族世系的铭文，开创了西周世系铭文的先河，是后世《帝系》《世本》等世系类著作的鼻祖。

昭、穆之际的柞侯创作了柞伯簋铭，铭文记载器主柞伯参加周王籍田礼之后由周王发起的一场看谁跑得快的赌局，结果器主柞伯赢得比赛。这是中华文学中第一篇"游戏文学"作品。

救簋盖铭记叙器主被周王任命为"五邑守堰"之事。堰，围土为堤防，是一种水利设施；守堰即守卫河堰之官。"五邑守堰"职官相当于宗周地区的水利官。同样，吴虎鼎铭记叙器主吴虎受周王册命"司九陂"。陂即聚水池塘，犹如今天的水库。以上两铭为世界最早的水利官员的"委任状"，也是人类最早的水利官员撰写的文章，它们是中华文学中最早的"水利文学"。楚簋铭记载器主被周王任命为主管方京"内师舟"职务，"师舟"之官管理军队的船只，这是中国最早的"水军"军官的任命记载了。

周懿王时期的匡尊铭记叙周懿王在射卢作象舞，器主匡演奏了著名的《象乐》二首。演奏效果非常好，周懿王大加赞赏。这篇铭文是中国历史上最早的描绘音乐演奏的原始文本，也是中华最早的音乐家创作的文学作品。

散氏盘铭记载散、矢两国如何确定封界、如何立约、如何保存契约等事情，是世界最早的勘定两国边界的原始文献。铭文写作技巧高超，是西周青铜器铭文中里程碑式的作品。

鄂侯驭方鼎铭的作者是鄂侯驭方。周厉王发动过两次南征，其中第二次南征就是由鄂侯驭方的叛乱引发。在周厉王首次南征胜利之后，鄂侯驭方竟然为周厉王举办大飨礼，可见鄂侯驭方是一个沉得住气的大阴谋家，他的纳飨根本上就不是向厉王表示臣服和敬意，他的目的就是借纳飨麻痹周厉王，刺探厉王君臣动向，是利用"周礼"进行的一次有效的情报工作。他创作这篇铭文也是战略欺骗的组成部分，因而鄂侯御方鼎铭是我国最早的一篇"阴谋文学"。

兮甲盘铭由周宣王时期著名的政治家尹吉父创作。铭文的核心意思是禁止南淮夷私下商品交易，凡是商业贸易活动必须到周人指定的市场，这是防止偷税漏税、税收流失。兮甲盘铭包含我国最早的税收布告，恐怕也是世界上最早的市场规范布告。而"裘卫四铭"成功刻画了一个注重财富的贵族商人形象，这是中国文学中最早的商人形象。以上这些铭文是中华最早的"经济文学"作品。

图5　何尊

此外，周成王时期的何尊铭（图5）记载周武王伐商表达过要在中原建造都城的"宅兹中国"愿望，这是中华文献中首次使用"中国"一词。而西周青铜器铭文记载了众多的职官任命的册命之令，这些册命铭文无疑都开创了相应职官活动书写的历史。青铜器铭文简约、典雅的文风无疑是中华文学中此路文风的滥觞。

商周青铜器铭文是当时人写当时事，是宝贵的真迹，不仅具有文学价值，还同时具有历史价值和文物价值，是历史馈赠给后人珍贵的文化遗产。自从有了青铜器铭文，私人写作成为一种文化时尚，成为当时贵族生产文化产品的重要形式。青铜器铭文开启了中华私人写作的源头。

（作者系国家社科基金项目"西周铭文史"负责人，湖南大学教授）

"巴蜀符号"研究的文化自信与理论自觉

胡易容

近百年前，四川盆地及周边地区发现了一种不为人知的神秘符号，它们被李学勤等学者认定为"甲骨文之外唯一可确认的先秦文字"，这一发现几乎颠覆两千年来"古蜀无文字"的论断，并成为"巴蜀文化"一词的来源。然而，这种神秘的符号迄今尚未被充分解读。

"巴蜀符号"是如何被发现的？为何如此难以破译？将来的研究有哪些新的可能？其研究又将在理论上具有怎样的重大意义？一切谜团正在展开。

"巴蜀符号"引出的重大文化命题

陈寅恪曾在《陈垣敦煌劫余录序》提出，"一时代之学术，必有其新材料与新问题"。20世纪初正是中国考古学材料与问题并进而承前启后的重要阶段。这一时期不仅诞生了一批纲领性的研究成果，还陆续发现了许多意义重大的新研究材料。其中，包括成都及周边地区陆续发掘出的一批与众不同的青铜器。这批器物不仅形制上极具巴蜀特色，更引人注目的是器物上印刻的一系列不为人知的特殊符号。这些符号表现出较为一致的外形和一定的组合规则，但又不同于一般青铜器纹饰，更不属于任何一种已知文字。

王国维未能一睹这些符号固然是一种遗憾，但探究这些神秘图符的使命落在王国维的最后一位弟子卫聚贤身上，也可算以赓续学脉的方式部分地弥补了这种遗憾。卫聚贤是中国现代考古学奠基人之一，他最早注意到一批据称出土于成都白马寺的青铜器上的特殊图符并展开搜集。1941、1942年卫聚贤两次在《说文月刊》发表文章对搜集到的48种巴蜀纹饰、符号进行了考证，指出这些符号是用于表达特定意义而非装饰，并明确提出此类符号应为一种"巴蜀文字"。以卫氏的研究为起点，学界开始关注到四川、重庆及周边地区出土青铜器物上的此类图符，称之为"巴蜀图语"或"巴蜀符号"。

图1　最早的"巴蜀图符"研究及汇编材料：《说文月刊·巴蜀文化专号》

　　"巴蜀符号"的发现和研究的展开在多个方面改变、冲击甚至颠覆了此前学界的定论。首先,"巴蜀符号"的发现冲击了自西汉扬雄以来几成定论的"古蜀无文字"之说。卫聚贤的"巴蜀文字"说激起了古蜀文字讨论的新高潮。李学勤亦多次撰文讨论"巴蜀符号",并指出,"巴蜀符号"可确定是中国先秦的文字,也是除甲骨文外唯一学界公认的先秦中国文字符号系统。其次,"巴蜀符号"的文字性不仅打破古蜀"不晓文字"的论断,更成为学界重估古蜀文明进而再认识"中华民族共同体"的重要契机。文字是文化与文明的重要标志,卫聚贤正是在研究"巴蜀文字"的文章中首次提出了"巴蜀文化"概念。基于对古巴蜀的考古发现,古史辨派大家顾颉刚亦几乎在同一时期提出春秋之前巴蜀文化独立发展说,开创中华文明多元起源研究先河。可以说,这些在西南一隅偶然发现的刻画符号,揭开了重新认识华夏文明的序幕,其研究拓展了中华多民族文化融合发展的理论进路,是中华文字符号谱系和中华文化谱系研究不可或缺的重要组成部分。

图2　"巴蜀符号"青铜戈

"巴蜀符号"研究的"柳暗"与"花明"

自卫聚贤以降,"巴蜀符号"研究已历经80余年。其间李学勤、童恩正、段渝等一批学者都对"巴蜀符号"的性质及符号个体的意涵进行了不少讨论。但是,推进"巴蜀符号"研究的新材料与新问题仍面临不少困难:一方面,由于"巴蜀符号"出土材料较少,且这种独特的符号系统并未被后世继承和使用,缺少完整的符号发展线索;另一方面,在传统唯材料论主导的思路下,新问题意识和新方法不足,致使"巴蜀符号"研究一度没落沉寂。

"巴蜀符号"的研究素材很长时间处于分散状态,虽然自20世纪50年代开始的考古浪潮在巴蜀地区发现大量有价值的信息,然而这些内容甚少以"巴蜀符号"为线索得到整理。很长一段时间内,研究者所使用材料或自行收集自各年代、地域出土报告,或只能从相关研究成果中借用。所谓相关研究,即与古巴蜀文化相关的学术著作,它们或多或少涉及"巴蜀符号"相关材料,但基本未将其视为研究核心,甚至并未将其与一般纹饰相区分。20世纪80年代出版的《巴蜀铜器纹饰图案》、《巴蜀兵器及其纹饰符号》,较为集中地初步整理出180个纹饰符号;1991年罗开玉发表《晚期巴蜀文化墓葬初步研究》,首次尝试整理了部分"巴蜀符号"并进行了分期;1998年高文、高成刚出版《巴蜀铜印》,整理了巴蜀印章并附有较高质量图片和拓片。另外,还有《中国青铜器》、《凝固在青铜器上的精灵——巴蜀与西南地区青铜器上的人物动物图案》等文物图录,零散记录了与"巴蜀符号"相关的资料……这些材料虽然成为后续研究者重要参考文献,但它们大多重器物而轻符号,对符号的记录质量亦参差不齐。早期文献中的符号形象往往由研究者手绘,形态呈现受记录者影响较大；而照片等形式的记录也受器物锈蚀等因素影响，并不能完整清晰地反映符号形象。这导致研究者对同一器物、同一符号的把握往往会出现不小分歧。材料的散乱，使得"巴蜀符号"众多研究成果之间缺乏对话基础，研究者多以单篇论文讨论个别符号或器物，系统研究极少。

从读解方法和问题意识来看，对"巴蜀符号"的现有讨论绝大部分集中在出现次数较多且高像似性的少数符号，如"🐌"、"🐚"、"🐛"等；然而，学界对这些看似有理据的符号的解释也始终难以达成共识。这些符号究竟"像"什么？研究者们各有看法。例如，符号🐚就有"帝星杜宇说"、"花蒂说"、"海螺说"、"女阴说"、"箭镞说"等多种解释。不同的解释往往由其使用的材料偏向所导致，研究者之解释大多朴素地从像似性中"望文生义"，彼此间难以对话。在唯材料论的研究思路和基础材料杂乱的情况下，研究者难以窥见符号印刻情况的全貌，更缺乏对"巴蜀符号"具有理论高度的总体把握。

由于上述种种原因，加上邓少琴、王家祐等老一辈学者的故去，"巴蜀符号"研究一度少人问津甚至停滞，成了名副其实的"冷门绝学"。然而，"巴蜀符号"的重大价值和文化魅力始终都吸引着一批甘坐冷板凳的学者。正是他们的坚守令"巴蜀符号"的研究得以延续。近年来，随着国家对传统文化研究的重视，"巴蜀符号"研究出现了一定程度的复兴。如，管维良2010年出版的《巴蜀符号》对"巴蜀符号"进行了较为深入的系统讨论，尤其注重学理阐释；2019年严志斌、洪梅所编《巴蜀符号集成》首次以"巴蜀符号"器物为线索，整理并以相对较高质量的图片展示了1000余个承载"巴蜀符号"的器物，在前人的基础上辨析总结出272个符号并进行了描绘和初步分类，是一部系统性的高质量集成汇编材料，为学术探讨提供了扎实的基础。几乎同一时间，2018年底胡易容领衔的国家社科基金冷门"绝学"专项课题"巴蜀符号谱系整理分析与数字人文传播研究"立项启动。课题组以跨学科团队为背景，整合包括符号学、传播学、计算机、认知神经科学在内的多学科团队，运用与此前不同的研究策略，为"巴蜀符号"研究注入了新的活力。

跨学科融合与创新探索：让古老神秘的巴蜀"活起来"

回顾20世纪40代发轫以来的"巴蜀符号"研究，主要集中于传统考古学领域。新的学科及跨学科团队在多个方面展现出全新的特质。

在方法论上，以"符号学"为基本方法突破既有研究框架的局限，尝试了从"田野考古"到"符号考古"的整合创新。长期以来，"巴蜀符号"的研究集中于以考据为核心的考古学视野下，"巴蜀符号"的解读空间始终受制于材料。李学勤、管维良、严志斌等学者都曾尝试对"巴蜀符号"进行进一步分类，以细化和推进此领域研究；然而无论是依据"符号形式"还是"像似性"进行的划分，都无法还原古人对符号使用的原始情景，本质上都是站在现代文化立场上的一种猜测。在现代符号学视域下，"巴蜀符号"像似与否以及像似程度问题被纳入符号语用框架下重新审视。这一新的路径亦与当代考古学发展动向相契合。当前世界考古研究有从"田野考古"到"符号认知考古"的趋势。当考古研究将目光转向文物的意义维度，从某种角度来说，标志着一门考古符号学的兴起。这种新兴的理论进路不仅重视出土物本身，还重视符号谱系和隐含意义的多学科探讨。推进"巴蜀符号"研究，是考古符号学研究的一次重要尝试。

　　在研究工具和手段方面，课题组启动了数字化与智能化和认知神经科学的综合交叉研究，引入全新的数字化和认知神经科学作为辅助佐证手段。课题组在现有资料基础上搭建起"巴蜀符号"网络数据库，建成首部"巴蜀符号数字云词典"，开启了"巴蜀符号"研究的数字化、智能化的新进程。"巴蜀符号数字云词典"所搭建的多媒介超文本网络框架，可以将符号及其文物载体的多维度信息相互关联，并且能以任意标签进行数据搜索和整合，比如以"出土地"、"器物年代"、"符号文本组合"等线索即时检索并生成符号材料整理结果。

　　1.此符号外形类似猛兽，兽口大张，头部上方刻画有兽耳，四足有利爪伸出，后部有一条长且上卷的尾巴。

　　2.此符号勾画了动物的外形，内部更有纹饰填充：在其颈部、腿与身体相连处及尾部往往都刻画有条状或卷云状线条。

　　3.部分个例会在口部伸出一条长且卷曲的"舌"。

图3　项目组对器物图片进行符号的勾描加工

数字技术的引入不仅有利于整合海量材料，也打开了对符号文物多样化把握的可能性。例如通过矢量化勾画的方式部分还原了符号轮廓，在一定程度上弥补了器物锈蚀难以辨认等情形对研究造成的困扰。

符号认知科学同样对"巴蜀符号"研究有重要价值。从前对"巴蜀符号"的讨论多依赖于研究者的个人经验，主观性较大；而在脑电等认知实验的辅助下，研究者可以从大脑反应、激活脑区差异等实证角度探讨巴蜀文字的性质和表意机制，并能将"巴蜀符号"与人类史上多种早期文字进行比较和对话。

图4　项目组使用脑电设备进行文字认知实验

在研究路径方面，通过文明内和文明间的符号谱系整理及比较研究开拓新的视野。除了对研究素材整合效率的提高，数字技术更可以在此基础上辅助我们完成不同文字系统间的比较研究。从符号发生学角度，研究者可以在计算机的辅助下多维度考察"巴蜀符号"的特征与线索：一方面，是在中华先秦古文字发源的符号系统内部进行考察。如与甲骨文符号系统、纳西等象形文字系统进行比对，以把握中华文明"图符"文字的总体谱系脉络。另一方面，研究者也可以将"巴蜀符号"与其他文明的早期图文符号进行比对，通过跨文明符号比较范式考察不同古文字符号像似理据，以更好地把握"巴蜀符号"的形制特征。

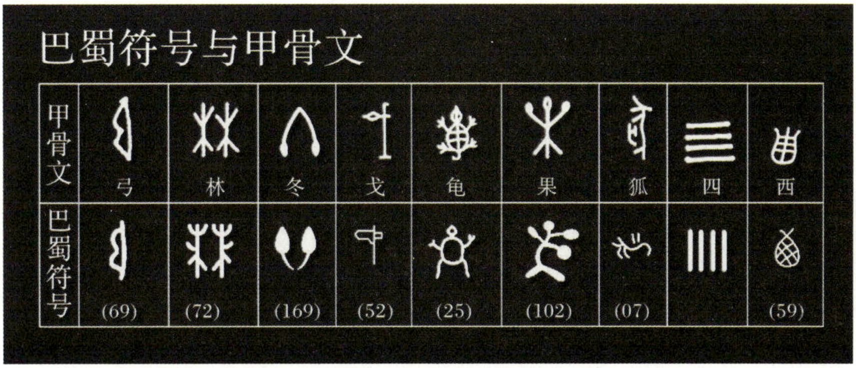

图5　"巴蜀符号"与部分形似甲骨文

　　传统考古学是一门面向"过去"的学科，新的研究在尊重历史的基础上同时注重面向当下和未来，尝试通过创意传播激活"巴蜀符号"的当下文化价值，让古老神秘的"巴蜀符号"重新"活起来"。客观地看，"巴蜀符号"早已失去了被使用的原初环境，也就失去了符号语境。但这并不意味着它们就失去了传播价值。它们可融入今天的文化生活，甚至成为地域文化、城市的品牌形象标记和代言者。例如，金沙遗址出土的"太阳神鸟"已经成为成都的城市品牌标志符号和中国文化遗产的标志符号，这是传统文化符号在当下被重新激活并被赋予新意涵的典范例证。重新激活这些符号的重要方式之一，就是激活其与当下社会文化的关联。"巴蜀符号"的现代表意活力，在于这种文字的存在本身就表征着其作为中华文明重要组成部分的独特性和历史积淀。因此，对"巴蜀符号"的创新传承与传播，既是对当代巴蜀文化圈的建设过程，更是在连接巴蜀的历史与当下。

展望：从文化对象到理论体系构建

如上所述，现代计算机技术的应用为"巴蜀符号"研究提供了强有力的支持。在计算机的辅助下难以从传统文本中挖掘出的研究线索可能浮现出来——多逻辑进路的数据框架不仅为从前的研究做出了全面的总结，亦扩展了此后研究的想象空间。尤其重要的是基础理论与哲学社会科学话语体系的建构方面，运用一般符号学方法来研究"巴蜀符号"，是值得期待的全新探索。

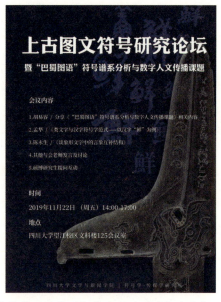

图6　项目组组织的"巴蜀符号与中国符号学理论体系"学术研讨活动部分海报

众所周知，以中国汉字为代表的表意文字符号，在西方语音中心传统中一直受到偏见甚至污名化对待。黑格尔认为，拼音文字自在自为地更符合理智的要求，而象形文字语言只有对中国那样"精神文化处于停滞状态的民族"才是适合的。现代符号学的开创者之一索绪尔，则直接将他的语言符号学研究范围界定为"以希腊字母为原始型的表音体系"。

这些偏见，植根于西方语音中心传统，且在理论逻辑上秉持一种"线性符号达尔文主义"。西方文化理论曾经深刻影响了近代知识分子对我国文化发展方向的判断，甚至具体到文字形制的理念。从蔡元培、鲁迅到吴玉章，20世纪中国知识分子就曾试图将汉字拉丁化，以促进国家现代化发展。当然，今日汉语言文字的现状业已表明，通过消除符号差异以拥抱全球化，并非必然选项。在学理和历史维度上，线性的"符号达尔文主义"都忽视了一个基本事实，即符号形式的发生赖以存在的整体文化生态。东西方文化处于不同演化系统中，其在符号形式上的区别并非是线性发展逻辑下"先进"与"落后"的关系，而是源自各自的文化生态演化逻辑的不同路径。对于中国学界来说，语音中心的逻辑并未完全成为过去式，从理论根源上和符号对象上反思符号达尔文主义还有待深入展开。学界在对西学借鉴时需要更加审慎地考虑其理论适用性。

中国符号学要形成自己的话语体系，不仅要破，更要立。无论是被视为第一套人类经验符号化表述的"周易"，还是与古希腊斯多葛学派几乎同时探讨名称与意义的中国"名学"，都未在今天符号学基本模式中占据一席之地，而中华文字符号，更是在符号学体系中被边缘化了。中国学者不能仅仅停留在讨论皮尔斯还是索绪尔的理论体系孰优孰劣的层面，而必须从具有中国符号对象和中华符号思维的独有智慧等方面探索"中国符号学"的路径与可能。"巴蜀符号"作为一种"图语性"符号，在中华文字符号谱系脉络中具有不可或缺的重要位置，其研究的深入展开不仅是某种符号的"释义"问题，更是关涉在文明互鉴的全球视野下推进文化自信与理论自觉的必由之路。

（作者系国家社科基金冷门"绝学"专项研究"巴蜀符号谱系分析与数字人文传播研究"首席专家，四川大学教授；四川大学博士研究生，课题组成员杨登翔，对本文亦有贡献）

清华简：开启古史研究新境界

杜 勇

清华简的横空出世，犹如一支火炬，照亮了黑暗的历史长廊，把人们对古史的认知带入了新的境界。前所未见的古书，真伪莫辨的经籍，晦而不彰的史迹，都能在清华简研究中找到寻幽览胜的路径。

作为2000多年前战国时代的遗物，清华简带着地下的泥土走入今日的学术殿堂。它到底有何特殊的文献价值？又揭示了中国古代文明多少奥秘？给人哪些重要启迪？帷幕已然轻启，让我们来一睹芳容。

自2008年以来，清华大学入藏的一批战国竹简被陆续整理出版，已发行十一辑。与过去发现的战国竹简相比，其显著特点是多为经史类文献。其中有的篇章至今还保留在《尚书》《逸周书》中，有的散佚两千年后横空出世，有的长期蛰居地下而不为人知。清华简涉及中国传统文化的核心内容，为中国古代文明探索提供了不可多得的出土文献资料，开启了古史研究的新境界。

去伪存真　考而后信

孟子曾说："尽信书，则不如无书。"告诫人们对传世文献要善于鉴别真伪，不可盲从。《汉书·艺文志》所提到的《文子》《伊尹说》《力牧》《风后》等书，班固即以"依托"言之。这种托名古人立说的风气，在战国秦汉时期颇为盛行，其后仍有所见。最有名的是东晋梅赜献于朝廷的伪《古文尚书》，在唐代还被作为官方认可的经学读本，堂而皇之流传千年。历经宋元明清学者的不懈努力，才得以揭穿其中晚书二十五篇作为伪书的真面目。

一段时间以来，有的论者从地下出土的简帛佚籍得到启示，于是援此例彼，大胆为梅本古文《尚书》翻案，主张当作可信的史料来使用。所作相关研究，论证疏阔，却不惜臧否前贤，一时相沿成风。直至清华简中发现与梅本相异的真古文《尚书》，局面始得改观。

清华简《尹诰》《说命》（图1，图2）即是战国时期流传于世的古文《尚书》，与梅本全然不同。《尹诰》又称《咸有一德》，它本是《尚书》中的一篇，秦火之后一度失传，西汉中期重出孔壁，为逸《书》十六篇之一，至西晋永嘉之乱再度散佚。从《书序》《殷本纪》所列《咸有一德》次第看，本篇为伊尹诰汤之文，与清华简《尹诰》的内容若合符契，构成二者同为一篇文献的二重证据，说明今传孔传本《尚书》以《咸有一德》为伊尹诰太甲之书必为伪作。而清华简《说命》即先秦文献多次引用过的古本《说命》，与今本《说命》从形式到内容都存在着本质差异。从该篇名为《说命》看，主要内容应该是记录商王武丁对傅说的命辞。"命"作为《尚书》的一种体例，以记载王者册命、训诫和赏赐大臣的讲话为主，简言之就是王命。《说命》既以"命"称，自应把武丁命辞放在首位。今观清华简《说命》正是如此，全篇几乎都是武丁之言，而傅说的讲话只有两句。再看今传本《说命》，中篇几乎全为傅说之语，上、下篇还占一定篇幅，其字数加起来已超过商王武丁命辞的总和，主次完全颠倒，体例严重不符。说明今本《说命》只是冒牌货，绝非真古文。由此人们真正看到先秦时期古文《尚书》的原貌，使前人关于伪《古文尚书》的意见得到确凿证明，同时表明新阶段对古书的反思，只有科学认识前人的辨伪成果，辩证分析传统的辨伪方法，正确把握古书的辨伪维度，才能使重写学术史的工作真正成为经得起事实和历史检验的名山事业。清华简《尹诰》《说命》的发现，终使一桩千年公案尘埃落定。这是出土文献在古书辨伪上取得的重大成果，值得大书特书。

鉴别古书真伪，评估史料价值，是古史研究的先决条件。对传世文献是如此，对出土文献亦然。清华简作为战国中期即已流传的出土文献，同样需要进行可信性研究。不能说凡是出土的都是可信的。出土文献要真正成为研究上古文明的珍贵史料，由表及里、去伪存真、考而后信的探索过程是必不可少的。如清华简《耆夜》《保训》（图3，图4）形式上为历史叙事，实际并不具有史书性质。不少人把它们视为王室档案一类的西周文献，以前者为记录武王戡黎之文，后者为周文王遗言，应该是有问题的。《耆夜》开篇即称："武王八年，征伐，大戡之。"这种纪年方式与其著作年代颇相关联。事以系年是中国古典文献的优良传统，这在殷商末年的甲骨金文中即初露端倪。其纪时方式大多为日、月、祀（年）相次，且王年置于文末，个别情况是月序在王年之后。周初金文略有变化，主要增加月相词语以精确纪日。直至穆共以后，王年始置篇首，以王年、月序、月相、纪日干支相次，但从不用王号纪年。从现存文献看，使用王号纪年见于战国时期成书的《国语》和古本《竹书纪年》。作为时代风气的反映，《耆夜》亦当作

図1　清華簡《尹誥》篇正面図版　　　　図2　清華簡《説命上》篇正面図版

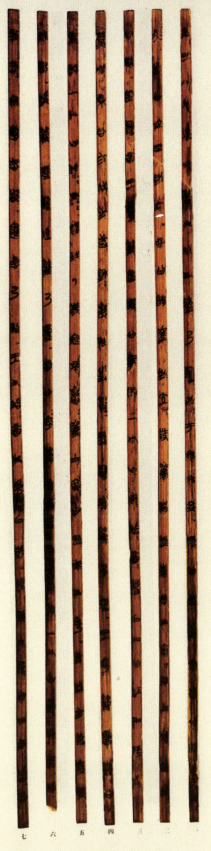

七　六　五　四　三　二

图3　清华简《耆夜》篇正面图版

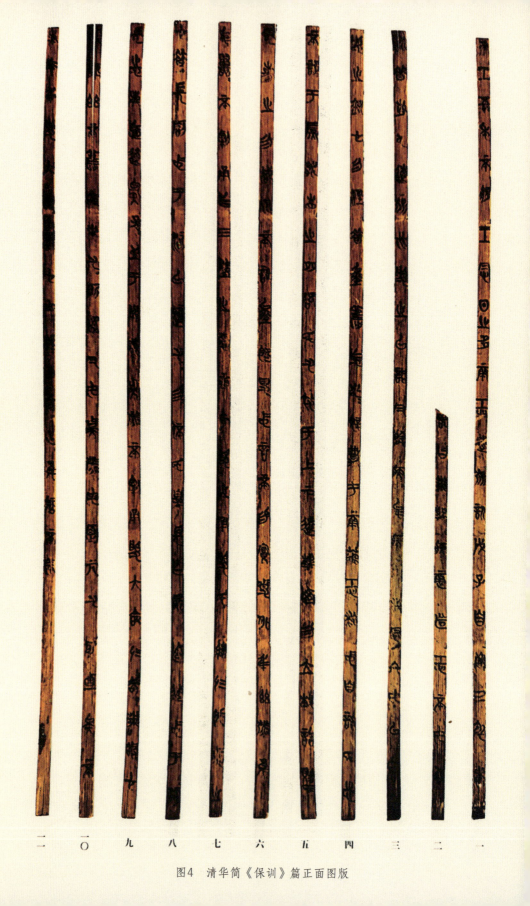

二　一〇　九　八　七　六　五　四　三　二　一

图4　清华简《保训》篇正面图版

于同一时期，应为楚地士人虚拟的一篇诗教之文。它利用和误解了当时有关传说和文献资料，杜撰了武王伐黎、周公作《蟋蟀》等历史情节，以增加诗教的力量。《保训》的情况与《耆夜》相类。从《保训》所见语言现象、阴阳观念、中道思想看，都有春秋以后的时代印记，与《逸周书·文传》一样，亦非史官实录的真正的周文王遗言，而是战国前期假借文王名义的托古言事之作。运用它们探索战国时期思想文化的生长机理是有价值的，但用于研究虞夏商周历史则未必适宜。

集粹征史　别有进境

上古史研究可资利用的第一手材料是非常稀缺的。商周以前自不必说，即使商周时期发现了大量甲骨金文，也因内容单一难于适应重建古史的需要。至于《尚书》《诗经》作为中国历史上最早的历史文献，其中第一手史料也是凤毛麟角。非常幸运的是，清华简的发现充实了这方面的资料，有利于推动上古史研究的深入。如《厚父》《皇门》《祭公》《芮良夫毖》诸篇，其著作年代与所记史事年代基本同步，或源自西周王室档案，或为时人所撰，具有极高的史料价值。尽管它们在流传过程中，不免发生文字讹误，或有后世加工，但大体保持了初始成篇的面貌。据以集萃征史，别有进境。

清华简《祭公》《皇门》（图5，图6）见存于今本《逸周书》中，但《逸周书》错讹甚多，已非原貌。如简本记载祭公身染沉疴，穆王前往探视，躬身问政。当朝三公毕𬀞、井利、毛班亦被召见，聆受诫勉。"毕𬀞、井利、毛班"本为三公人名，传世本却误作"毕桓于黎民般"，致使后世训释离题万里，真义难明。循此考察可知，三公非指太师、太傅、太保，或司徒、司马、司空，乃朝中执政大臣的通称，且不以三人为限，主要由卿士寮、太史寮有关部门的主官组成，或三四人，或五六人，通常有一人为首席执政大臣，总揽百揆。

"三公"多来自具有伯爵的畿内封君，而畿外诸侯入为王朝卿士则较为少见。执政大臣大都尊享公爵，通常及身而止，多不世袭，以保持机构政治活力。在周天子享有最高决策权的前提下，西周三公合议制实际行使中央政府职能，具有一定程度的民主执政色彩和优化行政决策的进步作用。又如，清华简《皇门》是一篇以西周原始档案为蓝本，在春秋时期略有加工润色的历史文献。与今传本《逸周书·皇门》一样，简文亦无"皇门"字样，只有"库门"。或谓库门是周制天子五门（皋、库、雉、应、路）的第二道门。实则周制天子三门三朝，而非五门三朝。清华简《皇门》中的库门，当为天子三门（路门、应门、皋门）中的路门，但在文献流传中却出现了借其音义的"库门""闳门""皇门"等异文。清华简《皇门》作为周公诰辞，大体作于周公后期。篇中周公自称"余一人"，史官以"公若曰"等同"王若曰"领起全篇诰辞，诰辞始终不曾言及成王等事，都不同程度反映了周初复杂政治背景下周公摄政称王的史实。

清华简中的《厚父》《芮良夫毖》（图7，图8）是两篇不曾传世的西周文献。清华简《厚父》所记周武王与厚父君臣间的对话，不仅代表了周人对早期国家起源的认知，也反映了中国早期民本思想的萌动。过去不少学者认为民本思想是战国时期才有的政治理念，《厚父》说"民心惟本"，表明这种思想以及概念早在西周初年即已产生。简文中表达的君权天赋的国家起源论虽不可信，但从国家伦理的角度看，其中蕴含的平等精神、正义精神、民本精神，却不乏可取之处。特别是立君为民、明德慎罚、民贵君轻等民本思想的核心关切，由周代政治家的倡导与实践，再经儒家的传承与升华，已成为中

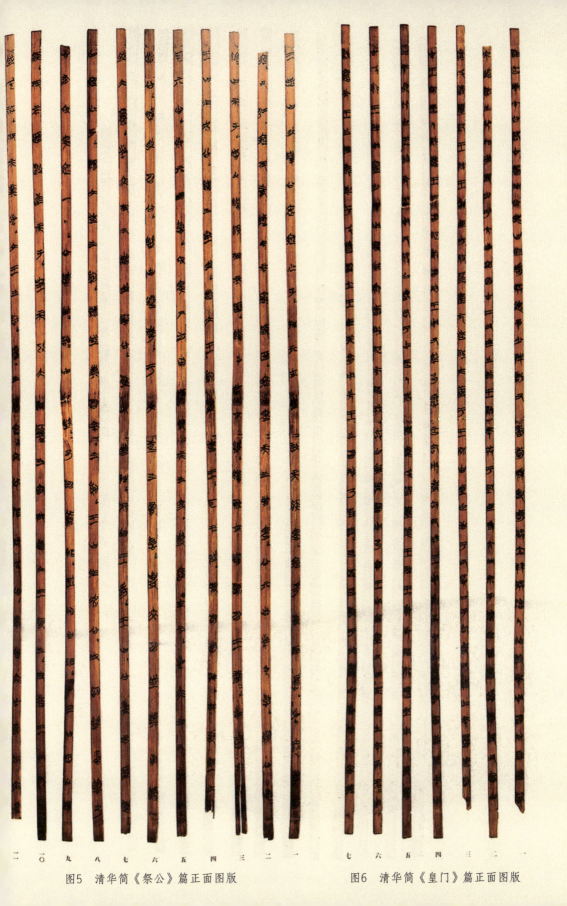

二　一〇　九　八　八　七　七　六　六　五　四　三　二　一　　　七　六　六　五　四　三　二　一

图5　清华简《祭公》篇正面图版　　　　图6　清华简《皇门》篇正面图版

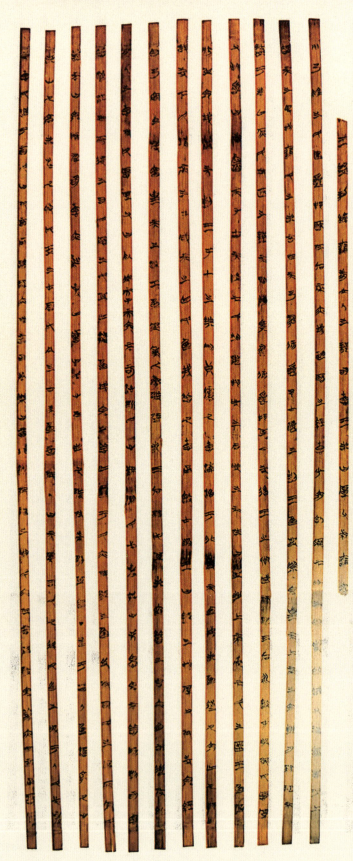

图7　清华简《厚父》篇正面图版

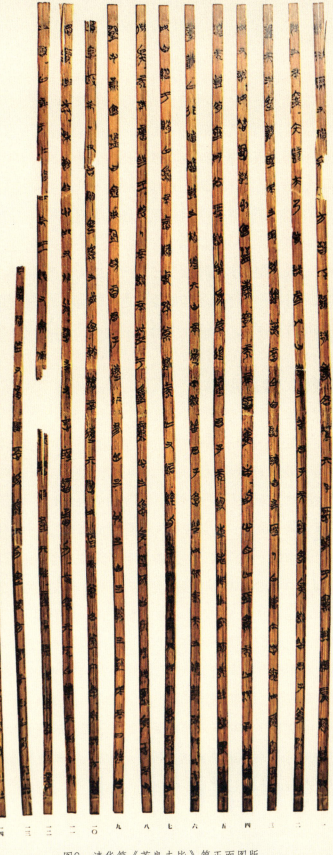

图8　清华简《芮良夫毖》篇正面图版

华政治文化的宏丽精华，其传统价值和积极意义不可低估。关于清华简《芮良夫毖》，其作者未必是芮良夫，很可能是与芮良夫同一时代并具有一定官职的其他贵族。但这并不影响它的史料价值。该篇作为刺讥时政的政治诗，真实反映了西周后期的政治危机和厉王革典的实质。结合清华简《芮良夫毖》等各种文献，全面分析厉王对外战争和统治政策，可以看出无论是国防上轻忽戎患，不修边备，还是内政上专利贪财，残民以逞，都表明周厉王的所作所为已严重突破了国家伦理的基本底线，是一个不折不扣的暴虐之君，而不是一位需要恢复名誉的有作为的改革家。

稽古钩沉　拨云见日

由于上古史研究第一手材料的匮乏，致使晚出几百年甚至上千年的二手材料也常常被广泛利用。此类文献的制作年代与其纪事年代存在巨大的时间差，基本上是后人写作的东西。其形成过程相当复杂，至少有三种可能性：一是依照旧文整理成篇，二是根据传说敷衍成章，三是编织情节杜撰成文。多数情况是真赝杂糅，神话与传说并存，传说与史实交织，极难分辨与取舍。照单全收不能揭示历史真相，弃置不用也容易陷入相对主义的泥淖，化历史为虚无。这种学科上的特殊性，给人们带来巨大困惑。然而，困难需要克服，探索不能中断。通过利用多学科研究手段，严密审查材料，掘发史实素地，稽古钩沉，求真致用，以期拨云见日，文明重光。

清华简中也有此类晚出文献，深入研究可以突破旧的知识盲区，形成新的历史认知。如清华简《尹至》（图9）、《尹诰》等篇是有关商汤名相伊尹的记述，它们未必都是商代文字，但对考索伊尹有关史

五　四　三　二　一　　　　　　九　八　七　六　五　四　三　二　一

图9　清华简《尹至》篇正面图版　　　　图10　清华简《程寤》篇正面图版

迹不失为重要资料。王国维说："上古之事传说与史实混而不分。史实之中固不免有所缘饰与传说无异，而传说之中亦往往有史实为之素地，二者不易区别。此世界各国之所同也。"由于甲骨文的发现与证明，终使伊尹渐褪其神话色彩，成为真实的历史人物。但是，传世文献有关伊尹的传说，尽管今有清华简的补充，实际上仍未得到有效证明，本质上还是传说的叠加，不能完全等同于史实。所以利用清华简和别的材料来探索伊尹的族属、出身、德业等史迹，必须对各种传说进行理性的考察。研究发现，伊尹并非姒姓的有莘氏人，亦非庖人出身的媵奴，而是因遭洪灾投靠有莘氏的子姓伊氏之长。他促成了殷氏、莘氏、伊氏战略同盟的建立，奠定了推翻夏桀统治的政治军事基础。在夏朝贵族国家体制下，伊尹往来夏商之间属于正常的政治活动，而不可视为间谍行为。他佐助商汤完成了灭夏兴殷的大业，故以同姓先旧身份在殷人祀谱中享有崇高地位。清华简《程寤》（图10）在今本《逸周书》中有目无文，今得完篇，弥足珍贵。简文叙述太姒做梦、文王占梦、太子发受诫等内容，与文献艳称的文王受命有关。从《程寤》所见月相纪时方式、明堂占卜制度、语言特征等方面来看，它并非出自先周或周初史官之手，很可能是数百年后根据传说资料编撰的作品。顾颉刚先生认为，传说也是一种史料，《程寤》有关文王占梦受命的传说可作如是观。所谓文王受命，既非受殷王嗣立之命，亦非受封西伯之命，而是受皇天上帝之命以取代殷人对天下的统治。文王受命、称王、改元三位一体，奏响了东进伐商的序曲。文王受命凡七年，五伐殷商与国，未及接商而终。武王于文王七年即位，承其纪年，继其遗志，于十一年告成伐纣之功。周人取代大邦殷成为新的天下共主，从而揭开了中国古代文明持续向前发展的历史新篇。

　　清华简《金縢》（图11）系近年出土的重要经学文献之一。与今

七　六　五　四　三　二　一

图11　清华简《金縢》篇正面图版　　　图12　清华简《楚居》篇正面图版

本《尚书·金縢》相较，不仅内容大致相合，而且有些异文对解决有关历史问题提供了新的线索。《金縢》虽为今文尚书，但在历史上也有人目为伪书。宋代程颐、王廉颇疑《金縢》非圣人之书，清人袁枚甚至认为它是汉代伪造的。如今清华简的发现，证明《金縢》决非伪书，而是在春秋前期即已形成文字的一篇作品，但不能因为它的晚出而完全否定其历史叙事的真实性。结合相关文献对《金縢》竹书本和传世本细加考析，证明武王开国在位三年、周公居东即东征等说法是真实可信的。竹书本与传世本互有歧异，各见优长。只有对不同传本细加考证，同中析异，异中求真，才能较好发掘不同类型文献的史料价值。清华简《楚居》（图12）是战国中期楚人自己撰作的一篇重要文献。篇中记述楚先、楚君的居邑及其迁徙，远较传世文献为详，传说与史实并存，旧闻与新知共见。就其所述战国时期楚人居邑状况来说，《楚居》不失为当时人的作品，但涉及楚人的族源地问题，它实际上也成了传说资料，需要结合其他文献详加考察。从《楚居》郾山、乔山、京宗等地名所涉地域看，季连部落当起源于中原洛阳一带。其后北迁殷商腹地方山，盘桓楚丘一带，与殷王室保持着密切关系。殷商末年，为避祸殃，楚人的一支在穴熊带领下，沿黄河西进，复归故地京宗，暂作开拓江汉的据点。待周初熊绎之时，楚人南迁丹水之阳，立国江汉，终成真正代表芈姓楚族的南方大国。

清华简是一次惊人发现，资料尚在陆续整理公布之中。它是一座富矿，值得学者付出艰辛，深入开掘，以推进传统文化的传承与创新。

（作者系国家社科基金项目"清华简与古史寻证"负责人，国家社科基金重大项目"多卷本《西周史》"首席专家，天津师范大学教授）

睡虎地汉简《质日》的史料价值

陈 伟 蔡 丹

　　2006年，在曾经出土珍贵秦简的云梦睡虎地墓地，又发现2000多枚西汉简牍。连续14年之久的"质日"长卷，与律典、文书、算术书一起，成为这批简牍中的亮点。

　　作为古人的日记，"质日"记述了哪些公私事务？蕴含着何种历史信息？西汉早期的历法是什么样子？三伏又如何安排？带着这些疑思，我们来尝试解读睡虎地汉简《质日》。

　　睡虎地秦汉墓地位于湖北云梦县城西部、火车站北侧。在这处今天看似平常的地表之下，却一再有令人震惊的考古发现。1975年底，4号秦墓出土两件远征士兵写给家人的木牍书信；11号秦墓更清理出1100多枚竹简，包括珍贵的法律文书和数术文献。2006年11月，在11号秦墓之东约70米处，汉丹铁路路基加固施工时，又发现77号西汉墓（参看图1）。墓口长248厘米，宽185厘米，残深193厘米。葬具用一棺一椁，随葬器物有陶器8件，漆、木、竹器26件，铜镜、石砚、铅錾各1件。在边箱的一件竹笥中，盛放2100多枚简牍，内容有质日、律典、文书、簿籍、书籍、日书等，与40年前出土的秦简牍

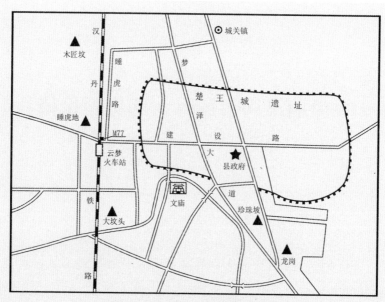

图1 云梦睡虎地M77位置示意图

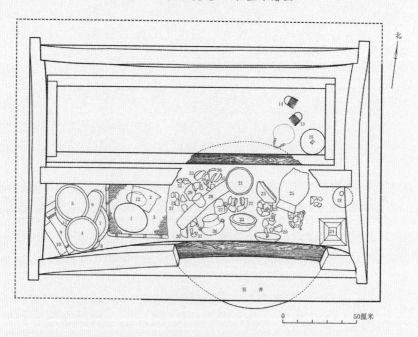

1、29.漆圆奁 2、30.漆卮 3.竹筒 4、5、11.漆圆盘 6.漆椭圆奁 7.陶瓿 8、12、32-36.漆耳杯 9、10.竹筒
13.木梳 14.木篦 15.铜镜 18.石砚 20、21.陶鼎 22、23.陶盒 24、25.陶钫 26.陶鏊 27.铅鏊 28.漆枕形器
31、37.残漆器

图2 云梦睡虎地M77平面图

相辉映（参看图2～4）。

"质日"在传世典籍中毫无踪迹。通过出土的简牍资料才得知，它其实是秦至西汉时期一种相当流行的文献形式。"质日"以历表为依托，一年一卷，在历日数据之下，往往简要地记叙一些事务，与当今人们在日历上记事类似。临沂银雀山2号汉墓出土的元光元年历谱，属于比较单纯的历表，共用32枚简。自右起数，第1简记写题名，第2简书写从十月至后九月13个月名及各月大小①，随后30枚简也分13栏，分别书写各个月份每天的日辰干支。而质日为了给记事文字留出位置，每支简只分6栏，先记双月（太初元年之前）或单月（太初元年以后）6个月名及其大小，以及相应月份的日辰干支，再记另外6个月的月名、大小和相应月份日辰干支。因此，一年质日使用竹简的数量通常比单纯的历表多一倍；有闰月的年份还会增加记载闰月月名、日辰干支的几支简。

一卷质日的开头，大多带有"某年质日"的标题。最早发现的实例是1988年发掘张家山336号西汉墓出土的《七年质日》（汉文帝前元七年）。2007年岳麓书院入藏的秦简有《【廿】七年质日》《卅四年质日》《卅五年私质日》（均属秦始皇时期）。睡虎地汉简则有《十年质日》《十六年质日》《元年质日》《七年质日》等等（汉文帝前元十年至后元七年）。有的质日简册，虽然没有"质日"的题名，但按内容也可归为同类，例如沙市周家台30号秦墓《三十三年质日》、东海尹湾6号汉墓《元延二年质日》。在质日题名发现不多时，有学者推测这类文献称作"记""历记"或"日记"。现在看来，应该可以放心地统称为"质日"。

一座墓葬出土的质日，有的只有一年，比如周家台30号秦墓、张家山336号汉墓、尹湾6号汉墓。北京大学收藏的秦简，包含有两年

图3　质日清理01

图4　质日清理02

的质日。岳麓书院收藏的秦简，包含有三年的质日。睡虎地77号汉墓出土的质日，起于文帝前元十年（前170），止于后元七年（前157），包含14个年份的连续数据，超过目前所见其他质日的总和。可以说是秦汉质日文献最重大的发现。由于路基施工的原因，前元十一年、十五年和后元五年的质日损坏严重，只保存一些残片，前元十六年质日全部竹简的上半段和后元四年质日大部分竹简的上半段也已经残缺，其他九个年份的质日保存基本完好（参看图5～12）。这为研究77号墓葬、秦汉时质日以及当时历史的相关问题，提供了重要的资料。

"质日"的文献特征

"质日"记事，大都带有行为者的名字，即交代出事情的主体，但也有的略而不书。以《十年质日》为例，十月戊子"越人休，期视事"，癸巳"越人道休来"，四月癸巳"佐期不给事廷，视事"。通过这些记载可知，越人在十月戊子（1日）开始休假，癸巳（6日）结束假期返回官署；期于十月戊子在官署办公，四月癸巳（9日）不再在廷（县衙）服务，而回到自己的官署办公。"期"一作"佐期"，显示期的职务是官佐，提供了更多信息。然而，四月下记称"己亥（15日）归宁"，并未说明行为者是谁。

先前研究岳麓书院藏秦简质日时，有学者提出：未交代行为者名字的才是质日记写者本人的纪事。相应地，带有行为者的纪事，并非质日记写者所为，这些人可以排除在记写者之外。然而，睡虎地汉简质日中，未带行为者名字的记载，与带有"越人"名字的记载，往往密切关联。《十年质日》四月存在一组相关记录："己丑（5日）越人之邾。乙未（11日）父下席。戊戌（14日）越人道邾来。己亥

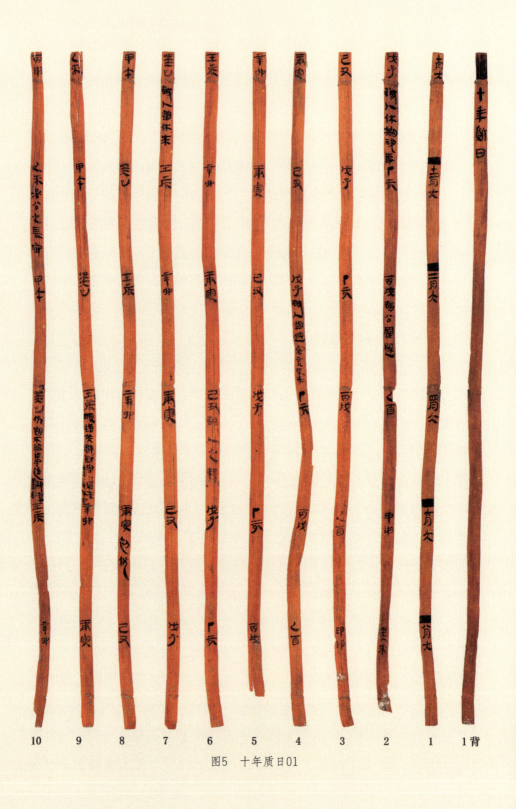

图5　十年质日01

图6　十年质日02

图7　十年质日03

图8 十年质日04

图9 十年质日05

60　59　58　57　56　55　54　53　52　51

图10　十年质日06

图11　十年质日07

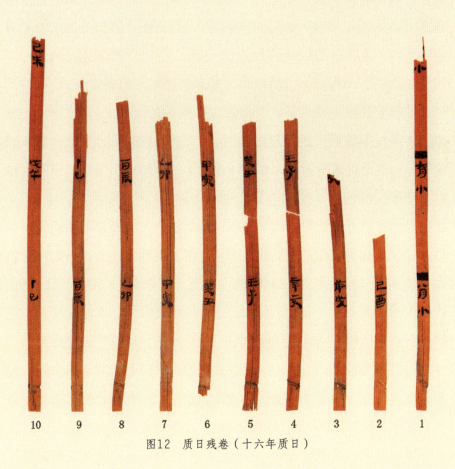

图12 质日残卷（十六年质日）

（15 日）归宁。甲辰（20 日）父葬。乙巳（21 日）越人视事。"《史记·鲁仲连邹阳列传》记鲁连说："昔者齐威王尝为仁义矣，率天下诸侯而朝周。周贫且微，诸侯莫朝，而齐独朝之。居岁余，周烈王崩，齐后往，周怒，赴于齐曰：'天崩地坼，天子下席。东藩之臣因齐后至，则斫。'……"司马贞《索隐》解释说："谓烈王太子安王骄也。下席，言其寝苫居庐。"结合简文看，"下席"应是死亡的讳称。归宁，指回家治丧。如《后汉书·桓荣传附鸾子晔传》记："初，鸾卒，姑归宁赴哀，将至，止于传舍，整饰从者而后入，晔心非之。"由于各条纪事前后衔接，这里的"父"自然是指越人之父，"己亥归宁"显然也是越人所为。又如，《（后元）二年质日》八月"己卯（13日）守阳武亭，适入试"。"戊子（22 日）越人不守阳武亭，适来"。己卯日临时负责（守）阳武亭的应该也是越人。大概是因为适入试，越人代理阳武亭校长；戊子日适归来，越人便不再代理。再如，《（后元）三年质日》五月"乙丑（4 日）之廷上垦田数"；"丙子（15 日）佐越人道廷来，视事"。乙丑到县廷报告垦田数的应该也是越人，这样才有丙子日从县廷返回履职之事。这样看来，质日中省略行为者名字的纪事确实属于记写者，但带有名字的记录却不能完全排除属于记写者的可能性。应该留意彼此间的联系，尝试发掘记写者的更多信息。具体就睡虎地汉简质日而言，记写者应该就是越人。

睡虎地质日简册的记载，有的还可与同墓出土的简牍文书关联，构成判断越人乃是质日记录者，亦即墓主的证据。据《五年将漕运粟属临沮令初殿狱》案卷记载，文帝后元五年越人参与"将漕"即带人参与漕运，因为考课殿后被问罪。对嫌犯身份，案卷记载说："越人，公乘，路里，为阳武乡佐。乃五年五月甲寅，皆为守令史，徭将漕，属临沮令初部。"在《（后元）五年质日》残片中，保存有"甲寅除为守令史”和“壬子道将漕来，休廿三”的记录，证实案卷中“将漕”的越人与质日记写者实即一人。

综合质日简册记载可知，越人在文帝十年（前170）出现时即是安陆县小吏。十四年（前166）调任阳武乡佐，仍常常被临时安排到县廷公干。后元五年（前159）代理令史带领漕运被问罪。《（后元）七年质日》是最晚的质日简册，正月以后已少有记事，最后两个月份（八月、九月）更空无记录，越人大概即卒于当年（前157）。睡虎地77号墓下葬大概就在这一年。这也是同墓出土其他简牍抄写的年代下限。

睡虎地汉简质日中还有一种情形值得注意。就是有一些事况，越人不可能亲自经历却被记载下来。如《十年质日》记十二月“乙未（9日）丞公之长安”，“甲寅（28日）丞公到长安”，正月“甲戌（18日）丞公发长安”，“辛巳（25日）越人送客竟陵”，二月“戊子（3日）越人道送客竟陵来”，“乙未（10日）丞公道长安来”，丞公（对县丞的尊称）往返长安时，越人显然并未跟随，否则不可能同时从安陆（治所当即在今云梦城关的云梦古城）送客人到竟陵（治所约在今湖北潜江市境）。这样，越人不可能亲自得知丞公到达和离开长安的时间。《十六年质日》九月记“庚辰（3日）试骑沙羡”，“丙戌（9日）劝宿麦卒史来”，“庚寅（13日）道试骑沙羡来”。“劝宿麦卒史来”，是说劝宿麦卒史来到安陆。当时越人因参加试骑前往沙羡（治所在今武汉市武昌区西），不可能参与接待劝宿麦卒史的相关安排。《〈后元〉七年质日》记十月“甲寅（12日）致采珠食江陵”，十一月“丁亥（16日）案居给事阳武”，“丙申（25日）道江陵来”，当时越人出差在江陵（治所约在今湖北荆州市），不容易及时得知阳武乡吏员值班的具体情形。里耶秦简行庙文书（8-138+8-174+8-522+8-523）显示，在秦迁陵县官庙中，有多位令史轮班巡视祠庙时记录的

"质日"。岳麓书院藏秦简中，与《【廿】七年质日》《卅四年质日》并存的，还有《卅五年私质日》，也显示质日具有官府公共记录的属性，也可用于私人场合。西汉各级官署中大概也有一些公用质日，官吏可以从中抄录某些内容到自己的个人质日，使得他们的"私质日"多少带有官质日的色彩。

珍贵的历史信息

质日纪事虽然简短，但往往具有珍贵的史料价值，值得认真解读。

《（后元）二年质日》记后九月"壬辰（27日）将采珠"，《（后元）三年质日》记二月"辛丑（8日）采珠罢"，"戊申（15日）夕到，归路里"，"己酉（16日）道将采珠来，休十日"（见图13）。睡虎地汉简质日有时在越人出差返还时记作"到安陆"。"戊申夕到"的"到"，很可能是"到安陆"的省略表述。结合前文引述的《五年将漕运粟属临沮令初殿狱》，可知路里为越人的家室、户籍所在。睡虎地墓地1975年发掘的5号秦墓出土14号漆卮外壁针刻"路里"二字，先前有多种解释。对照睡虎地汉简资料，可知应该是标记使用者所在的里名。这意味着，路里至少从秦代延续到西汉文帝之世，睡虎地则在相应时期作为路里居民的墓地。在通常情形下，古人的住所与葬地，相隔不会太远。越人在文帝后元三年二月戊申日傍晚从外地返还安陆，当即回到路里家中开始度假，则显示路里当在安陆县治或其近处。秦汉安陆县治所在旧说不一。睡虎地墓地出土简牍和漆器文字显示，当时安陆县城应当就在这处墓地附近，应该就是安陆古城。

《汉书·文帝纪》："（后元）四年夏四月丙寅晦，日有蚀之。五月，赦天下。"同书《五行志》作"（文帝）后四年四月丙辰晦，日有

图13　三年质日（局部）

食之"。《(后元)四年质日》四月丙辰(30日)记"赦及未发觉者",直接证实该月晦日干支《文帝纪》有误而《五行志》正确。更可贵的是,由此可知这次赦令其实颁发于四月底而不是五月;赦免的对象则包括"未发觉者"。

汉代八月的"户"即户口核查,是在县廷还是在乡署进行,学界有不同看法。后元《元年质日》记八月"丁亥(15日)户"、"戊子(16日)算",《三年质日》记八月"癸卯(13日)户、算阳武",《六年质日》记八月"乙卯(12日)户、算阳武"。阳武是西汉安陆县辖下的一个乡。后两条记载写明"户"是在乡进行。后元元年的记事,联系前后记录看,也当发生在阳武。而文帝十四年质日八月乙丑(6日)记"徙为阳武乡",显示越人此后即任职于阳武。这些记载明确印证"户"在各乡举行的见解。与"户"同时的"算",或以为检核人口,或以为收取算赋。睡虎地汉简质日资料虽然未足以说明"算"的具体内涵,但它与"户"可以同日,也可以在其次日,显然二者关联密切但又并非一事。

关于县的等级,《汉书·百官公卿表》记云:"县令、长,皆秦官,掌治其县。万户以上为令,秩千石至六百石。减万户为长,秩五百石至三百石。皆有丞、尉,秩四百石至二百石,是为长吏。"在《二年律令·秩律》中,县按秩别分五等,其中六百石以上的一二三等县265个,五百石以下的四五等县只有五六个。周振鹤先生《〈二年律令·秩律〉的历史地理意义》(《学术月刊》2003年第1期)一文因而认为汉初县的等级、秩别与《百官公卿表》不同,怀疑八百石以上者为大县,六百石以下者为小县。《(后元)六年质日》五月丙戌(12日)记"安陆长杨台为温丞"。在《二年律令·秩律》中,温县列在二等,长官秩"八百石,有丞、尉者半之";安陆列在三等,长官秩"六百石，有丞、尉者半之"。睡虎地汉简质日把安陆县长官称为"长"，应属小县。这与周先生推测相符。但安陆长到温县只是担任丞，如果不涉及贬任的问题，则在温县等级高于安陆之外，文帝时大县县丞的秩级与《二年律令》《百官公卿表》相比，似乎也有所不同。

朔闰与伏腊

近几十年中，学者利用银雀山汉简元光元年历书等资料，探求西汉早期历法。其中陈久金、陈美东先生与张培瑜先生复原的历表，影响最大。睡虎地质日中，文帝十一年、十五年及后元五年的残缺严重，其他11个年份历表的大小月、闰月安排和各月月朔，与陈表全然一致；而张表文帝十年八月、十三年三月及后元元年二月、三年九月、七年九月等朔日，均迟后一天。可见在这一期间，陈表更贴合当时的历法实际。

《初学记》卷四"伏日第八"引《阴阳书》说："从夏至后第三庚为初伏，第四庚为中伏，立秋后初庚为后伏。"根据元光元年历书等资料，罗福颐、张培瑜等学者已指出西汉时的三伏安排，并非那么规整。睡虎地质日中的三伏亦然。初伏在夏至后第三庚的，只有文帝十二年、十四年及后元元年、七年这4个年份；而文帝十六年初伏在夏至后第一庚，文帝十年、十三年、后元二年等在夏至后第二庚，后元三年竟在夏至后第五庚；后元四年初伏则多达20日。后元三年、六年中伏均在立秋后，十年、十四年中伏更长至30日。十三年、十六年及后元七年后伏均在立秋前，十二年、后元三年后伏在立秋后第二庚，十四年、后元六年在立秋后第三庚。

《说文解字》："腊，冬至后三戌腊，祭百神。"睡虎地质日在文帝十二年、十三年、十四年及后元六年、七年记有"腊",在文帝十年及后元元年、二年记有"可腊"。从设置时间及其与下文所述"出种"的关系来看,"可腊"当是"腊"的异名。"腊"或"可腊"的日期,文帝十年、十二年、十三年及后元二年列在冬至后第二戌,十四年及后元元年、六年列在第三戌,后元七年列在第四戌。前贤也曾指出元光元年历书等出土西汉历谱中的腊不像《说文》所说的那么规则,睡虎地质日进一步丰富了这方面的数据。

在睡虎地质日历注中,与"腊"紧密相关的"出种"也很值得注意。在文帝十年、十二年、十四年和后元二年、七年,"出种"均在腊后一日,后元元年在腊后13日,后元六年在腊后25日。"出种"先前在秦汉简牍中偶有所见,未知其详。周家台秦简《先农》记述在腊日祭祀先农的仪式,其中说:"到明出种。即口邑最富者,与皆出种。即已,禹步三出种所。"孔家坡汉简景帝后元二年历书亦有记载,在腊后13日。现在对这些资料综合考察,可知"出种"大致是与耕种有关的一个程序或仪式。多数年份安排在腊的次日,所以秦简《先农》说"到明出种"。在秦汉时期较为流行,但后世失传。

（作者陈伟系国家社科基金重大项目"云梦睡虎地77号西汉墓出土简牍整理与研究"首席专家,武汉大学教授;蔡丹系湖北省文物考古研究所副研究馆员）

注　释

① 秦代至汉武帝太初元年改历之前,以十月为岁首,九月居岁末;闰月放在最后,称为"后九月"。

汉代丝绸之路文明交流的敦煌汉简记忆

马智全

他，大气磅礴，满腹经纶，矗立于东方大地而倾心西望。她，碧玉琳琅，仪态万方，摇曳于西部沃土而瞩目东方。汉朝与西域，风尘仆仆的万里相约，聚会的地方叫敦煌。2000年之后，考古队员用精巧的手铲，拂去戈壁荒原上久日的尘封，两万多枚汉简描绘的东西文明交流胜景顿现眼前。

敦煌为什么能出土数以万计的汉简？敦煌为丝绸之路的畅通提供了怎样的保障？汉简记载了哪些东西交往的趣事？让我们走进敦煌汉简去了解2000多年前的丝路往事。

2000多年前张骞"凿空"的汉代丝绸之路，开启了中原与西域文明相互交流的辉煌时代（图1）。汉代丝绸之路从长安或洛阳出发，经河西走廊而至敦煌，是汉朝郡县行政管理下的交通要道。从敦煌阳关、玉门关向西而行，南、北两道连接西域诸国，是西域文明滋养生长的融汇通道。敦煌正是中原文明与西域文明碰撞交流吸纳传播的咽喉要地。20世纪以来，敦煌汉塞及驿置遗址先后出土了大量汉代

图1　敦煌壁画张骞出使西域图

简牍，忠实记录了中西文明交流的生动历史进程，是今日认识丝路起源、重温丝路故事、再现丝路场景、探求丝路精神的珍贵档案文献。

敦煌汉简，是汉代敦煌郡屯戍交通的遗物。西汉为了抵御匈奴及羌人入侵，在敦煌祁连山北侧和疏勒河沿岸修筑了南北两道塞防。敦煌汉塞戍守人员众多，屯戍体系严密，簿籍档案详备，文书行政通畅。时过境迁，书写于简牍上的屯戍记录逐渐掩埋于沙碛之下。由于敦煌气候干旱少雨，汉简文物得以完好保存。20世纪以来敦煌汉塞先后出土了多批汉简，如1907年、1914年西方探险家斯坦因第二、第三次中亚考察时在敦煌汉塞掘获汉简3000多枚，罗振玉、王国维因之撰成《流沙坠简》，成就了简牍学的奠基之作。1944年向达、阎文儒在玉门关遗址发现汉简77枚，是西北科学考察的重要收获。1979年马圈湾烽燧出土汉简1217枚，1998年玉门关遗址出土汉简342枚，以及历年来敦煌汉塞考察所获汉简数百枚，是新中国建立以后敦煌汉简的重要发现。除了边塞汉简之外，敦煌驿置简牍更加值得关注。汉朝为了保障政令上传下达，在各郡国要地设立了系统的驿置机构。如敦煌郡效谷县就设有悬泉置、遮要置，为朝廷过往人员提供食宿接待，同时承担东来西往的邮书传递任务。驿置吏卒详细记录了过客接待及邮书传递信息，以备考核检查，留下了丰富的汉简文书。1990—1992年，敦煌悬泉置遗址（图2，图3）被全面发掘，共出土汉简20000多枚，内容十分丰富，是认识汉代丝绸之路文明交流的百科全书。

汉代丝绸之路畅通的敦煌保障

从两汉史籍和汉简文献来看，敦煌是汉代丝绸之路畅通的关键支撑和得力保障。由于张骞凿空西域，汉代对西方神奇的土地充满了了解的渴望。出于抵御匈奴的需要，汉朝制定了联通西域的重大战略。霍去病出师河西，汉开河西四郡，在敦煌设立阳关、玉门关（图4）作为出入西域的枢纽，中西文明交流的进程在敦煌留下了清晰的印迹。

汉代丝绸之路的畅通，是外交与军事协同作用的结果。汉朝因抵御匈奴的需要，派遣张骞出使西域，为汉朝打开了西向瞻望的全新视野。汉武帝决心加强与西域诸国的往来，因为西域地理遥远，路途险恶，非人所乐往，于是"募吏民毋问所从来，为具备人众遣之"，由此形成了"使者相望于道"的盛况。在出使西域的漫漫征途中，敦煌无疑是最重要的交通节点。汉朝使者出使西域，从长安到敦煌，汉朝所设前后相继的驿置机构可以提供饮食住宿。出了敦煌，就进入艰辛

图2　悬泉置遗址

图3　悬泉置遗址复原图

图4　玉门关遗址

异常的西域征途，敦煌正是使者驻扎休整的要地。

　　如史书记载的西汉著名外交家长罗侯常惠，曾多次途经敦煌而出使乌孙，为汉朝与西域的交往做出了重要贡献。乌孙是西域大国，位于今哈萨克斯坦东南、吉尔吉斯斯坦东部一带，地域广大，人口众多，是汉朝着力交往共御匈奴的大国。汉武帝时先后派细君、解忧公主和亲交好，但乌孙依违于汉与匈奴之间。汉宣帝本始三年（前71），汉与乌孙联合出击匈奴，取得了军事上的重大胜利，乌孙与汉朝的交往日渐密切。汉宣帝元康年间，乌孙昆弥翁归靡又向汉朝提出和亲，并答应以解忧公主子元贵靡为嗣。汉宣帝应允和亲，选立解忧公主弟子相夫为少主，配置官属侍御，让少主在上林苑中学习乌孙语，同时派出使者往来乌孙联系娶聘事宜。在悬泉汉简中，有一封"悬泉置元康五年正月过长罗侯费用簿"（图5），共18枚木简，记载

图5　悬泉置元康五年正月过长罗侯费用簿

常惠使团于神爵元年（前61）正月经过敦煌悬泉置的饮食情况。悬泉置提供了牛、羊、鸡、鱼及米、酒、酱、豉之物款待常惠的出使团队，是汉代丝绸之路上使者往来的珍贵记录。神爵二年（前60），长罗侯常惠送少主和亲行至敦煌，还没有出塞，得到信息说乌孙昆弥翁归靡死，乌孙贵人没有立元贵靡而立了亲近匈奴的狂王泥靡。于是常惠上书朝廷，愿将少主留在敦煌，自己亲往乌孙交涉。此事虽因朝廷决定征还少主而罢，但从事态发展经过可以看出敦煌对丝绸之路使者往来提供的重要保障。

敦煌因地处河西走廊西端，是汉朝出师西域的前沿阵地。自张骞出使西域以来，汉朝与西域的交往日渐频繁。但由于匈奴在西域的影响，一些西域国家认为汉地遥远，军力难及，往往贪汉财物，侮杀使者。如在今费尔干纳盆地的大宛，是张骞西行到访过的国家。大宛多善马，特别是汗血马为汉武帝所神往。汉武帝派使者持千金与金马，到大宛请求善马。但大宛认为汉地绝远，兵不能至，杀了汉朝使者，夺取金宝财物。太初元年（前104），汉武帝派遣贰师将军李广利出师大宛。初次出征，由于粮草准备不足，大军到郁成而中道返回。汉武帝闻之大怒，派出使者至玉门关，下诏说"军有敢入者辄斩之"，李广利只好驻师敦煌。次年，汉又大为征发六万多人，广备粮草，李广利复出敦煌而一路向西，最终取得了征伐大宛的胜利，得天马而归。这一事件，充分反映出敦煌在西域开拓史上的重要军事战略地位。

　　在汉朝与西域交往过程中，每当西域国家受匈奴影响而与汉为敌，敦煌就是军事行动的前沿阵地。乌孙与汉朝的交往时常受到匈奴的影响，汉宣帝甘露元年（前53），乌孙翁归靡胡妇子乌就屠袭杀狂王泥靡，依仗匈奴威势，自立为昆弥，于是汉朝派遣破羌将军辛武贤出师讨伐乌孙。史书记载辛武贤带兵一万五千人到敦煌，修筑自敦煌到西域的水渠，用来通渠运谷，同时修筑粮仓以备出师。这次征战在悬泉汉简中就有记载："效谷长禹、丞寿告遮要、县泉置，破羌将军将骑万人从东方来，会正月七日，今调米肉饴黍，假……书到受作，毋令客到不办具，毋忽如律令。"这是敦煌效谷县给下辖遮要、悬泉两个驿置的通知，说明破羌将军辛武贤带领骑士万人从东方来，到达敦煌的时间是甘露元年正月七日，要求驿置做好接待工作，简文内容正可与史书记载相印证。还有汉简反映出辛武贤在敦煌设置幕府，敦煌太守移文告事，可见辛武贤在敦煌经过了较长时段的备战工作。汉宣帝时的这次重大军事行动由于后来外交的协调而没有成行，不过汉简反映出敦煌水渠修治延续了数年之久。辛武贤在敦煌的全力备战，正可见敦煌在守卫西域安危方面的重要军事地位。

汉代敦煌在外交与军事方面对丝路畅通的保障，在敦煌所出汉简中还有诸多反映，如都护郑吉屯田西域，冯夫人为乌孙事务斡旋奔波，匈奴日逐王归汉，乌孙归义侯侍子入朝，敦煌汉简都有文书记载。东汉时西域三通三绝，敦煌发挥的作用更加重要。西域副校尉一度设在敦煌，敦煌太守兼领西域，敦煌是汉代联通西域的咽喉要地。

敦煌汉简所见中原文明向西域的传播

在汉代丝绸之路开拓进程中，由于汉朝联通西域以断匈奴右臂的政治需求，汉朝高度重视与西域诸国的交通往来。随着汉地使者商客到达西域，汉朝在西域屯田戍守，建立各级管理机构，中原文明逐步走进西域诸国，农业、手工业、文化礼仪制度都有广泛传播。

汉朝出使西域面临最大的困难是食粮不继。由于匈奴的影响，汉朝使者来到西域，"非出币物不得食，不市畜不得骑"。而匈奴使者"持单于一信到国，则国国传送食，不敢留苦"。有的西域国家则"度汉兵远不能至，而禁其食物以苦汉使"。汉武帝太初元年（前104），贰师将军李广利初伐大宛，因食粮不继而中道返回，说："道远多乏食，且士卒不患战而患饥。"为了解决食粮供应问题，汉朝在西域先后建立了轮台、渠犁、伊循、车师、赤谷城等多个屯田区。西域屯田的设置，使汉朝的农业耕作技术在西域广泛传播。代表性者如水利灌溉技术在屯田区的应用，井渠法及穿井技术因地而施，提高了农业产量，保证了汉朝吏卒的食粮供给。李广利征伐大宛时特意带上水工，客观上也促进了水利技术的西传。西域屯田吏士由中原前往西域或是由西域东归内地，敦煌都是他们的必经之地。敦煌汉简忠实记录了他们的行经路程、到达地点、所持兵物、身份信息，对深入认识西域屯田状况极有价值。

在汉朝与西域的交流过程中，钱币和丝绸是重要凭介。汉朝使者出使西域诸国，经常以币帛赏赐。张骞二出西域，"赍金币帛直数千百万"，可见所持钱币丝绸数量众多。西域国家"贵黄金采缯"，乌孙昆莫就因接受赐物而向张骞施行拜礼。汉朝派公主和亲西域，也都有大量帷帐锦绣之物陪嫁。这些活动都促进了汉朝钱币与丝绸在西域的广泛使用。中原的冶金制造技术对西域也有重要影响。例如大宛："其地无丝漆，不知铸铁器，及汉使亡卒降，教铸作它兵器。"汉成帝时乌孙围困西域都护段会宗，成帝召问熟悉西域事务的陈汤，陈汤说："夫胡兵五而当汉兵一，何者，兵用朴钝，弓弩不利，今闻颇得汉巧，然犹三而当一。"可见汉代兵器制造技术对西域的影响。汉代的髹漆工艺也随着人员流动而进入西域，丰富了当地人民的生活。

汉朝的文化礼仪制度深为西域诸国所向往。在汉朝逐步实现对西域的有效管理后，西域诸国需要向汉朝纳质朝贡。西域质子在长安学习汉朝文化，接受汉朝教育，当他们回到西域后，就成了中原文化的有力传播者。西域诸国常派王侯贵人到汉地纳贡朝贺，也深受汉文化影响。有的国家便将汉地文化礼仪制度实施于本国。如龟兹王绛宾和亲于汉，娶解忧公主女为夫人。"乐汉衣服制度，归其国，治宫室，作徼道，周卫出入传呼，撞钟鼓，如汉家仪。"就是用汉朝礼仪制度治理国家的代表。在悬泉汉简中，有一枚汉简记载了敦煌悬泉置为接待龟兹王夫人而作的精心准备，床卧帷帐，皆有规制，体现出敦煌对西域交往的高度重视（图6）。同时，汉朝为实现对西域诸国的有效管理，先后在西域国家设官封职，赐给国王封号印信，各级属吏也有汉官名称，是汉朝制度在西域实施的重要体现。

敦煌汉简所见西域文明向汉地的传播

从西域文明向东传播的状态来看，敦煌所处的地位更加重要。敦煌是由西域进入汉朝的第一个郡治，也是汉王朝接受西方文化的要冲。通过悬泉汉简的记载来看，西域重要国家如西域北道的车师、孤胡、山国、危须、焉耆、乌垒、渠犁、龟兹、姑墨、温宿、乌孙、大宛，西域南道诸国如楼兰（鄯善）、且末、小宛、精绝、扜弥、渠勒、于阗、皮山、莎车、蒲梨、疏勒，都有与汉朝往来的记载。而不属西域都护的国家如中亚的康居、大月氏，西亚的乌弋山离，南亚的罽宾，以及史籍未载的祭越、折垣等国，也屡次派遣使者到中原出使贡献。敦煌设有传置机构，为西域来汉的国王、贵人、使者提供饮食传车住宿，悬泉置出土汉简对此有忠实记录。

如地处中亚的大宛，经李广利征伐之后一直与汉朝保持着密切往来。悬泉汉简记载，汉昭帝元平元年（前74），朝廷派出使者到敦煌郡迎接来自大宛的天马，可见自汉武帝时李广利征伐大宛约订的岁献天马二匹的政策，在昭帝时仍在忠实执行。还有

图6 悬泉置接待龟兹王夫人简

汉简反映出汉成帝时,大宛使者经敦煌到中原贡献。位于今哈萨克斯坦南部的康居,虽不属都护管辖,但一直与汉朝保持着密切往来。汉武帝时司马相如就在《喻巴蜀檄》中说:"康居西域,重译纳贡,稽首来享。"悬泉汉简记载汉宣帝甘露二年(前52)康居王派使者贵人奉献畜物,经敦煌玉门关检验通行。又史书记载汉成帝时"康居遣子侍汉贡献",悬泉汉简正有汉成帝阳朔四年(前21)朝廷派人送康居王侍子返回时的传书,印证了史书记载。居于今阿姆河上游的大月氏,是张骞初次出使拟联合共御匈奴的国家。虽然大月氏已据有大夏之地而不愿东归,"殊无报胡之心",但悬泉汉简却反映出大月氏使者多次到达汉地"奉献言事",敦煌各县置提供食宿予以接待。简文记载的大月氏双靡翎侯、休密翎侯派遣使者到达汉地,更是反映了大月氏据有大夏地后松散的统治。五翎侯可以自主和汉朝交往,是大夏王朝政治形态的重要反映。位于西亚的乌弋山离,悬泉汉简记载了敦煌传置为其使者提供传车的情况(图7)。位于今克什米尔地区的罽宾,悬泉汉简记载了传置机构出钱沽酒接待其使者的情况。由此可知,无论是中亚、西亚、南亚国家,都有与汉朝交往的记载。从简牍文书来看,这种东西方之间的使团交往颇为频繁,规模不一,大的使团有数百人,一般的也有数十人,是汉代中西文明交流的主要形式。

伴随着西域使团的到来,贡赐及商业贸易有力地促进了中西文化的交流。西域商贾常常以奉献为名获取汉朝的赏赐,所谓"欲通货市买,以献为名"。悬泉汉简记载了当时贡赐贸易的发达,如乌孙、大宛、康居、莎车、鄯善等国的贵人使者皆曾向汉朝遣使奉献,汉朝依据献物价值赐予钱财。汉代贡赐贸易的代表性文物是悬泉置发现的"康居王使者册"(图8)。该册书由七枚汉简组成,记载了汉元帝永光五年(前39)康居王使者到酒泉贡献骆驼,使者自言他们数次奉

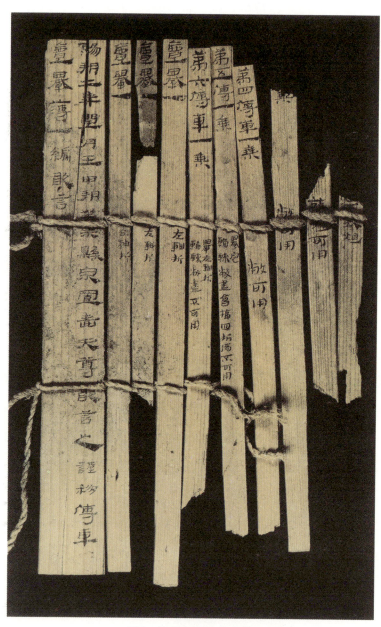

图7　敦煌悬泉置传车簿

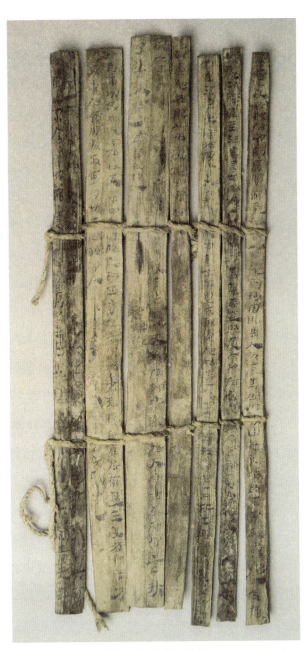

图8　康居王使者册

献，进入敦煌后都会受到当地郡县的饮食接待，地方官吏与使者共同评定所献骆驼的肥瘦价值。但是这一次却遭遇不公，奉献使者不但得不到饮食，地方官员独自评价贡物，将使者进献的白骆驼说成了黄骆驼，肥骆驼说成了瘦骆驼，为此而上书朝廷。朝廷下文到敦煌郡，要求调查当地接待康居使者的情况。这件文书生动地反映了中亚使者到达汉地贡献的真实状况。使者争辩的骆驼黄白肥瘦，正是当时贡赐贸易的典型体现。而从其他简册也可以看出，西域使者经常以骆驼、马、牛、驴等畜类奉献。汉朝对西域奉献高度重视，自奉献者进入敦煌，沿途传置机构要提供饮食住宿。使者所奉献畜物，汉朝要派遣吏员估定价格，赐予钱财。为了保障奉献者安全，汉朝还要派遣吏员护送奉献者东来西往。究其原因，贡赐贸易在政治上表明西域诸国归顺于汉，经济上促进了东西方之间的商贸交流，文化上促进了异域新风的广泛传播。正是在汉朝的大力支持下，汉代丝绸之路才形成了"驰命走驿不绝于时月，商胡贩客日款于塞下"的繁盛场景。

除了西域使者奉献的畜物外，由西域传入的种植物也受到汉地的欢迎，最有代表性的是苜蓿的传入。苜蓿原是大宛、罽宾等地的种植物，史书称大宛"马嗜苜蓿"。随着大宛天马入汉，苜蓿也引入汉地，在长安离宫别馆旁皆有种植。从敦煌汉简可以看出，西汉中后期苜蓿在敦煌已有广泛种植，如在悬泉置前就种植有四十亩苜蓿。苜蓿与茭一样，是当地广泛使用的饲养马牛的草料。为了保障驿置畜类饲草供应，敦煌郡所属县置大量收纳储备苜蓿，成百上千石的苜蓿被集中储积。西域传来的物种改善了汉地民众的生活，是丝绸之路东西文明交流的价值体现。

敦煌汉简记载的汉代丝绸之路上东西文明交流的盛况，与敦煌所处地理位置有密切关系。史书言西域地区"东则接汉，扼以玉门、阳关",敦煌两关正是通往西域的必经之路。中原使者在此休整准备而踏上西行征途,西域贵人使团到此而得到食宿接待,东西文化在此交流融汇,汉代的敦煌,已经成了丝绸之路上的"华戎所交一都会"。

（作者系国家社科基金项目"秦汉简帛书信校释与研究"负责人,兰州城市学院教授）

写本文献：中华文明传承的重要载体

张涌泉

20世纪初，敦煌莫高窟藏经洞的发现震动世界，大批不同于后世刻本的古写本文献吸引了全世界的目光。自那以后，吐鲁番文书、黑水城文献、宋元以来契约文书、明清档案等写本文献陆续公之于世，写本文献重新回到了世人的视域之中，并与刻本文献比肩而立，互相补充，共同组成了中华民族宝贵文化遗产的两翼。

何谓写本文献？写本文献主要有哪些重大发现？它在中华文明的传承中又发挥了怎样的作用？让我们一起走进写本文献的世界。

写本文献是指用软笔或硬笔书写在纸张上的古籍或文字资料。在宋代版刻流行以前，中华文明的传承曾长期依赖于写本文献；宋代以后，写本文献仍在一定程度上发挥作用。近一个多世纪以来，随着以敦煌文献为代表的写本文献的大量发现和刊布，写本文献越来越被人们所关注；与之相适应，一门崭新的学问——写本文献学——也正在孕育和催生之中。

古代文献传承载体的演进

依据记录文字的方法及载体的进化，我国古代文献的传承大体可分为铭刻、写本、印本三个大类。铭刻是指用刀凿或硬笔在甲骨、铜器、陶器、碑石上刻写，传世的文字资料包括甲骨文、金文、陶文及石刻文字等；写本是指用毛笔或硬笔蘸墨或朱砂在竹、木、帛、纸等材料上抄写的文献，按其载体不同，又可分为简帛和纸本两类，前者学术界习惯称之为简牍帛书，而把写本文献归属于纸写本文献；印本是指采用雕版印刷或活字印刷的文献。其中写本文献承前启后，在中华文明的传承中起着极为重要的作用。

商周前后，铭刻是古代文明书面传播的主要方式。但由于用作铭刻的材料或珍贵难得，或笨重不便，加之契刻费时，所以文字使用的范围非常有限。如甲骨文主要是商王朝的占卜记录，金文主要是作器者的族名、先人名号及史官的记事文字，陶文主要是工匠名号或题记，石刻文字主要是纪念性碑铭（东汉晚期起才有所谓石经）。这些文字资料的主要目的不在于流通、阅读，并非真正的书籍，所以铭刻还不能作为我国古代书籍流传的一个阶段。

春秋以后，竹简、木牍、缣帛逐渐取代铭刻成为书写材料的主体，写作方式也从契刻变为手写，毛笔成为主要的书写工具，书写较以前大为便利，文字使用的范围有所扩大，从而产生了真正意义的书籍。但"缣贵而简重"，仍不便于普及使用。大约西汉时期，我们的祖先发明了造纸技术。东汉和帝永元、元兴年间（89—105），蔡伦又对造纸术加以改进，"用树肤、麻头及敝布、鱼网以为纸"，由于纸张薄软轻灵的特质，便于书写、携带和保存，而且原料易得、价格低廉，于是"莫不从用焉"[①]。魏晋时期，纸书渐多，但官府公牍仍以简册为主。东晋安帝元兴元年（402），权臣桓玄下令"古无纸，故用简，非主于敬也。今诸用简者，皆以黄纸代之"②。从此纸张取代其他文字载体，成为主要的书写材料。于是书籍的流传从简帛时期迈向纸写本时期。

纸墨的普及，促进了浮雕印章和石碑拓印的流行，也为雕版印刷术的诞生奠定了基础。敦煌文献中保存的唐咸通九年（868）的《金刚经》刻本（S.P2号）是现存最早的有明确纪年的印刷品（图1）。雕刻版面需要大量的人工和材料，但雕版完成后一经开印，就显示出效率高、印刷量大的优越性，所以印刷术的发明对书籍传播而言是一场革命。但早期的印刷品主要用于雕刻历书、医书、韵书、佛经等实用图书。五代时期后唐宰相冯道受命印制"九经"，开大规范印刷儒家经典的先河。宋代以后，印本进一步取代写本成为古代文献传布的主流，书籍的装帧也从卷轴变为册叶，并一直延续到今天。

图1　S.P2号唐咸通九年（868）的《金刚经》刻本（局部，英国国家图书馆藏）

写本文献大观

如上所说，从东汉到五代，继简帛之后，写本文献流行了1000多年，是这一时期中华文明传承的主要载体。但由于宋代以后印本流行，写本古书风光不再；而且随着时间的推移，一些早期的古写本也日渐湮没无闻。正如池田温先生所说："相对于写本，刊本的优势地位是决定性的。因此进入印刷时代后，写本书籍几乎全被废弃了。"③清末以来，国内外的科学家和探险者曾先后在甘肃、新疆、陕西一带发现了一些早期的写本文献，包括西汉文、景时期（前179—前142）的古地图，晋代的《战国策》《三国志》写本，等等④，但数量都很有限。1900年6月22日，敦煌藏经洞被打开，人们从中发现了大批唐代前后的写本文献，震动了整个世界。民国以后，又有吐鲁番文书、黑水城文献、宋元以来契约文书、明清档案等众多写本文献陆续公之于世，辉耀世界，写本文献的数量一下充盈起来，写本文献才又重新回到世人的视域之中。于是，写本文献开始和刻本文献比肩而立，共同组成了中华民族宝贵文化遗产的两翼，互相补充。下面我们拟按主体抄写时间的先后，把最为重要的写本文献资料做一番梳理。

（一）吐鲁番文书

吐鲁番文书指19世纪末以来在新疆吐鲁番地区晋唐古墓葬群中所发现的写本文献，分藏于中、德、英、俄、日、美等国的公私藏书机构，总数达50000号左右，但现已刊布的仅一万多件。吐鲁番文书的抄写时代主要为晋、前凉、北凉、高昌及唐西州时期，文书内容包括官府函件、簿籍、契约、案卷、衣物疏、墓志、四部古籍、佛经等，多姿多彩，数量庞大，是魏晋六朝纸本文献的主要实物遗存。其中西晋元康六年（296）的《诸佛要集经》残片（图2），是我国现存最早的有明确纪年的纸本文献。

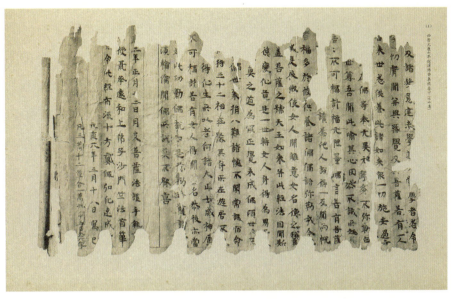

图2　西晋元康六年（296）《诸佛要集经》残片

（二）敦煌文献

敦煌文献主要指敦煌莫高窟藏经洞发现的唐代前后的手写本和少数刻本文献，现主要收藏在英国国家图书馆（总数17000余号）、法国国家图书馆（总数7000余号）、俄罗斯科学院东方文献研究所（总数19870号）、中国国家图书馆（总数16579号）及日本、印度、德国、美国等国家，总数约70000号（其中少部分为非汉文文献）。敦煌文献的抄写时代上起魏晋六朝，下迄宋初，前后跨越600多年，而以唐五代为主体，前承吐鲁番文书，后接宋元以后刻本及写本文献，是唐五代纸本文献的主要实物遗存。敦煌文献的内容几乎牵涉到中国古代的所有学科，是当时社会的百科全书。

（三）黑水城文献

黑水城文献是指在内蒙古额济纳旗黑水城遗址发现的纸质写本、刻本文献，总数达20000号左右，主要收藏于俄罗斯科学院东方文献研究所（图3）、英国国家图书馆和我国内蒙古自治区文物考古研究所、甘肃省博物馆等单位。黑水城文献前承敦煌文献，其抄写、刻印年代为北宋、辽、金、西夏、元、北元时期，以西夏文和汉文文献为主，内容涉及传统四部书、佛经、道经以及契约文书、官方档案等，是研究中国五代、辽、宋、金、元时期特别是西夏王朝的珍贵资料。

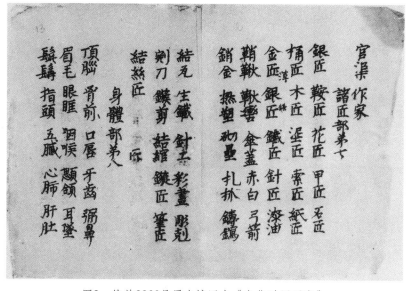

图3　俄敦2822号黑水城写本《杂集时用要字》

（四）宋元以来契约文书

宋元以来契约文书是指近一个世纪以来陆续发现的宋至民国时期的以手写为主的地方契约文书（图4，图5），包括土地文书、赋役文书、商业文书、社会文书、人身买卖与主仆关系文书、诉讼文书、教育文书及民俗文书等，是了解当时当地赋役、财产、婚姻、家庭、身

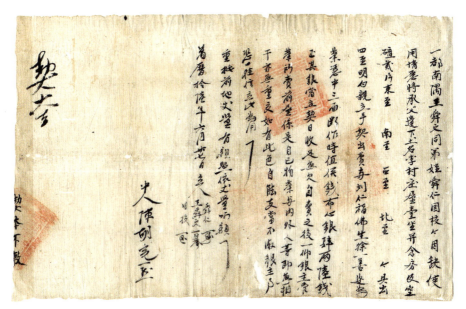

图4　明万历十六年（1588）六月廿七日遂昌县一都王舜文等卖房屋契（浙江师范大学
中国契约文书博物馆藏）

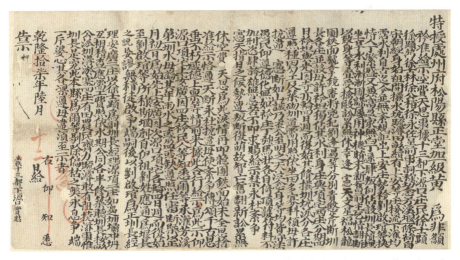

图5　清乾隆十七年（1752）六月十二日松阳县正堂黄槐为十三都下源口等四庄派定
水期任命圳长事告示（浙江师范大学中国契约文书博物馆藏）

份等社会经济情况的最可宝贵的第一手资料。这些文书大量散布于民间，仅有一小部分被各地的图书馆、博物馆与研究机构征集收藏。其中数量最多的是徽州契约文书，总数在100万件以上。敦煌文献的抄写时代最晚至北宋初年，而宋元以来地方契约文书的抄写时代为宋、元、明、清、民国时期，二者时间先后相承，内容互补，反映了唐五代至民国以来写本文献的完整序列。

（五）明清档案

明清档案是指明清宫廷和各级政府部门的档案，包括内阁大库档案、军机处档案、内务府档案、宗人府档案、国史馆档案、清宫中各处档案、清各部院衙门档案及各地方衙门档案等（图6，图7）。宋元以来契约文书主要属于私文书，明清档案则属于官文书，二者在内容上正好可以互补。据调查，现存的明清档案约有2000万件之巨，仅中国第一历史档案馆就有1000万件，包括皇帝的诏令、臣下的奏章、各衙署来往的文移、各衙署的公务记载及汇编存查的档册等，涉及政治、经济、军事、文教、刑名、外交、民族、宗教、农业、商贸、交通、天文气象以及宫廷生活、皇族事务等，不仅是研究明清历史的可靠的原始史料，而且它的形式、文字、装潢等都具有一定的观赏性和收藏价值，具有文献和文物的双重特性。

除了上述大宗的写本文献外，国内外公私藏书机构还收藏有不少宋元以来的通俗小说、戏曲写本，也应该纳入写本文献研究的序列。

此外，宋代以来留存著作的稿本、信札、日记，汉字文化圈内日本、韩国、越南等国保存的大量唐代以来的汉文写本文献，也都属于写本文献的范围。宋以来名人信札、日记写本数量也不少。"汉字文化圈"的发轫可上溯至简帛时期，但其形成则主要是在纸本书写

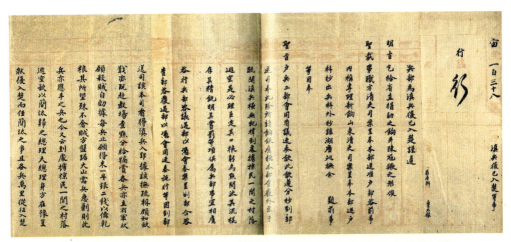

图6　崇祯十年（1637）五月初五日兵部咨户部解决滇兵入楚粮饷行稿（局部）
（中国国家博物馆编《中国国家博物馆馆藏文物研究丛书·明代档案卷》，
上海古籍出版社，2006，第107页）

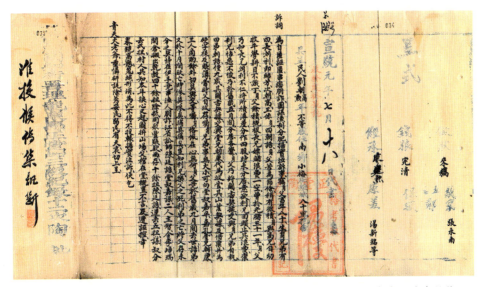

图7　宣统元年（1909）七月十八日刘朝高等为控刘绍芳自匿诬匿串痞朋诈事呈状
（包伟民主编《龙泉司法档案选编》第一辑上册，中华书局，2012年，第166页）

阶段。中华典籍通过抄写、传习等不同方式传播到异域，并成为周边国家文化记忆的共同组成部分。日本、韩国、越南等国保存的众多六朝以来纸质汉文写本文献，便是上述历史进程的最好见证。值得注意的是，这种以写本文献为传播媒介的文化交流并非单向的。早在北宋元祐六年（1091），宋朝政府就通过使节向高丽访求图书128种，称："虽有卷第不足者，亦须传写附来。"其中不乏诸如南齐《文苑》一百卷、唐代《文馆词林》一千卷这样卷帙浩繁的佚著⑤。中土缺佚的《说苑》卷二十《反质》篇便是通过此种途径从高丽访求到的珍贵文献⑥（今人在敦煌遗书中发现有时代更早的《说苑·反质》唐写本，不仅证实了高丽传本的文献价值，也可对其做进一步校正⑦）。有趣的是，与此同时，北宋官方颁赠给周边国家的书籍已经转变为以《开宝藏》、监本经疏等为代表的印本。

至于宋元以来一些据刻本影写或传抄的古书，版本学中称为抄本，如汲古阁毛氏影宋抄本、《永乐大典》、《四库全书》等，虽然也属写本文献，但不少方面沿袭了刻本书的特点，因而在很大程度上失去了写本的风貌，故此不详细介绍。

写本文献的特点

根据以上论列，写本文献数量浩博，即便用汗牛充栋来形容也不为过。这些文献无论内容还是形制方面都具有殊异于刻本的特色。这一节我们就打算通过与简帛、印本文献的比较，谈谈写本文献的特点。

（一）内容方面

写本文献与简帛同属写本，都用毛笔书写，但"缣贵而简重，并不便于人"（《后汉书·蔡伦传》），使用者和记录的内容不能不受到局限，所以与简帛相关的文献主要是宗教文献和实用文书，如儒道、刑名、兵书、方术、簿籍以及遣册之属。简帛变为纸张，后者价廉易得，使用的范围大大扩大，人人都可以一试身手，所以写本文献更为大众化，涉及的内容更为广泛，甚至可以说无所不包。

与印本相比，写本更多的是个人行为，以个人使用为最大诉求，抄写的内容往往带有个人色彩，更多地反映了普通百姓的生活面貌，包括大量的实用图书和私人文书，如往来的书信、收支的账单、借贷的契约、官司的案卷、社邑的通知等等，是我们研究当时各阶层社会文化生活最可宝贵的第一手资料；所抄文字大多没有经过加工改造，是原生态的，属于非定本；抄写格式千人千面，没有定式，即便是传抄古书，人们在传抄过程中，也可以根据当时抄书的惯例和抄手自己的理解加以改造，从而使古书的内容、用词、用字、抄写格式等都会或多或少发生一些变化，带上时代和抄者个人的烙印。而印本大抵以社会上层人士为中心，有较为浓烈的官方色彩，印什么不印什么是根据市场或政治需要确定的，是商业行为甚至政治行为，所以流传下来的往往是四部典籍及与政治、宗教有关的高文大典；刊印的内容往往是经过加工改造的，带有定本性质；而且古书一经刊刻，随即化身千百，既促进了书籍的普及，也使古书的内容、格式逐渐定型。

（二）形制方面

从简帛、纸写本到印本，形成了我国书籍的三大形态：简册制度、卷轴制度、册叶制度。简册制度主要是对竹简书籍而言。《论衡·量知》云："截竹为筒，破以为牒；加笔墨之迹，乃成文字；大者为经，小者为传记。断木为椠，析之为板；力加刮削，乃成奏牍。""牒"即竹简之异称，狭长的竹片称"简"称"牒"，长方形的薄木片则称"板（版）"称"牍"。简、牍的长度约五寸至二尺四寸不等（汉尺每尺23.1厘米），因其用途和重要性而异，一般长者用于抄写"经"书等较为重要的典籍，短者用于抄写"传记"等次要之书，而以一尺左右最为常见。每简一般抄一行；牍通常比简宽，每牍可抄五至九行不等。竹简通常用丝绳、麻绳等编连成册，可以抄写长篇的古书；到了一定篇幅，则卷束为一，于是称为一卷。木牍则常常单用，所抄多为内容较短的文书。

帛书是从简册到纸写本的过渡环节。《汉书·食货志下》云："布帛广二尺二寸为幅，长四丈为匹。"马王堆发现的汉墓帛书分别抄写在宽48厘米和24厘米（半幅）的丝帛上，接近《汉书》布帛幅宽"二尺二寸"之数。至于帛的长度，则根据书写内容的长短裁截而成，所以长短并不固定。帛书一定篇幅后也需要折叠或卷束，但帛书质软，卷束时需要在中间置轴，这是卷轴式古书的开端。《汉书·艺文志》所载书目常称多少卷，这个卷正是得名于竹简或帛书的收卷。

纸张取代简帛，卷轴式得到了进一步的发展，并成为写本文献的主要装帧样式。写本用纸以张为单位，每纸的规格依仿于帛书的幅（敦煌写经用纸以26×48厘米最为常见，官府文书用纸则一般为30×45厘米），并且模仿简册上下画栏线（代替简册的编绳），行与行之间画界线（即下引程大昌所称的"边准"，一行相当于一简）。每纸行数字数因时因内容而异。宋程大昌《演繁露》卷七"唐人行卷"条引《李义山集新书序》云："治纸工率一幅以墨为边准，用十六行式；率一行不过十一字。"[⑧]又宋赵彦卫《云麓漫钞》卷三云："释氏写经，一行以十七字为准。国朝试童行诵经，计其纸数，以十七字为行，二十五行为一纸。"⑨就敦煌写本而言，标准的佛经写本是一纸28行，行17字（也有行34字的细字写经）；儒家和道教文献每纸20至31行不等，正文一行写12至16字，注文则用小字双行。单页的纸抄好后，仿照简册之制按顺序把内容相关的若干张纸粘连为一，卷首加装护首和天杆（带丝带的细竹木条），卷尾加装滚轴，然后如帛书般卷起，就是所谓的卷轴式。敦煌写本之所以亦称为写卷，实即渊源于此。不过由于纸张来源、抄写内容及抄手个人习惯等因素的影响，不同类型不同时期写本的形制并无绝对明确的定式。

雕版印刷术发明以后，书籍形制逐渐由卷轴向册叶过渡。晚唐五代的敦煌佛经写本，出现了梵夹装、经折装、粘叶装、缝缋装等装帧形式⑩。这些以折叠为特点的装帧式样，为册叶制的形成奠定了基础。五代宋初以后，人们把印好的一张张的散叶用蝴蝶装、包背装、线装等形式直接装订在一起，于是书籍的装帧就逐渐由卷子变为册叶，并一直延续到今天。

（三）校读符号

印本刻好板以后，如有校改，必须挖去错字，补上正确的板片；印好以后，白纸黑字，则无法校改。所以印本书籍一般没有刻者本身添加的校读符号。简帛写本和纸写本均用毛笔书写，如有需要，抄写者和传阅者都可以直接在上面加以修改或施加校读符号。《汉书·礼乐志》载刘向对汉成帝语："今之刑，非皋陶之法也，而有司请定法，削则削，笔则笔，救时务也。"唐颜师古注："削者，谓有所删去，以刀削简牍也；笔者，谓有所增益，以笔就而书也。"这种简册有误而用刀削去另写的情况当然不可能在帛书和纸写本中出现，但直接在上面增字补字的办法却是简帛写本和纸写本共通的。纸写本还有许多校读符号也是源出于简帛写本，如敦煌写本或以一横画作界隔符，而长沙仰天湖战国竹简、包山楚简有同样作用的符号；敦煌写本在篇名或段落之上标注"△""〇""·"形符号，而敦煌汉简、武威汉简同样的场合或作"▲""●"；敦煌写本字、词、句叠用，重出者或作"="形符号省代，居延汉简、阜阳汉简有同样作用的符号，等等，皆前后相承。

也有的校读符号纸写本与简牍帛书不同，或者各自所独有。如居延汉简、望山楚简表示句读或作"∟""—"形符号，而敦煌写本中则作"。""·""、"形符号；居延汉简、萧家草场汉简分别用"卩""阝""⊕"形符号表示对上文所记事物的确认，而同样的符号为写本文献所未见；又如敦煌写本或用"√"或"乙"形符号勾乙颠倒错乱的文字，而同样的符号为简帛文献所未见；又如敦煌写本或用"氵"或"卜""⺊"形符号表示删除衍文，而同样的符号为简帛文献所未见，如此等等，纸写本与简牍帛书的符号系统同中有异，各有特点。

写本文献在中华文明传承中的地位

1925年7月，王国维在清华暑期学校作题为《最近二三十年中中国新发现之学问》的演讲，说最近二三十年古器物图籍有四大发现：

> 自汉以来，中国学问上之最大发现有三：一为孔子壁中书；二为汲冢书；三则今之殷虚甲骨文字，敦煌塞上及西域各处之汉晋木简，敦煌千佛洞之六朝及唐人写本书卷，内阁大库之元明以

来书籍、档册。此四者之一，已足当孔壁、汲冢所出。⑪

王国维所讲的后四大发现，写本文献占了半壁江山。从数量上来说，写本文献也不遑多让，根据上文的粗略统计，吐鲁番文书、敦煌文献、黑水城文献总数分别达5万、7万、2万号左右；宋元以来契约文书的总数尚无法预估，但其中仅徽州契约文书总数就在100万件以上；明清档案更是多达2000万件，数量之丰，方面之广，内容之富，令人惊叹。这些写本文献，分门别类而言，学术界已做过或多或少的研究（其中吐鲁番文书、敦煌文献的关注度最高，成果也最为丰富），但它们作为写本文献的整体而言，则尚未引起学术界足够的重视。下面我们打算以敦煌写本为中心，就写本文献在中华文明传承中的地位，试作阐述。

（一）写本文献是古代文献传承中的重要一环

我国传世的古书，主要是以宋以后刻本的面貌呈现的。所以以前人们谈论古籍，主要依靠刻本，而尤以宋版元版为珍贵。然而刻本以前的情况如何？则往往不甚了然。其实唐代以前的古籍流传到今天，必然要经过宋代以前一次又一次手抄相传的过程，写本文献是古代文献传承中极为重要的一环。这些写本古籍因其去古不远（至少比宋以后刻本更接近古人著作的时代），未经后人校改窜乱，更多地保存着古书的原貌，是古书整理校勘最可宝贵的第一手资料。正如池田温先生所说："流传至今的书籍，与经过了千年以上流传至今的写本相比，从卷数或篇目以致一些文字都有一些不同，一般认为古代写本更接近原样。即使与后世印本几乎没有差异的写本，它的存在本身也可以证明承传之印本的正确程度，所以意义也很大。"⑫裘锡圭先生也说："印刷术的兴起一方面减少了古书失传的可能性，另一方面却增加了比较剧烈地改变古书面貌的危险性。刊刻的古书由于所据底本不善，或是刊刻者出于牟利的目的草率从事，往往有许多错误，一些不是很受重视的古书甚至往往有删节之处，而刻本的出现又常常导致各种抄本失传，以致好的本子反而被坏的本子淘汰。"⑬以前由于传世的写本太少，古书传写的情况不明。现在随着大批写本古籍的出现，使我们对写本阶段的情况有了较多的了解；原先的许多疑难，也因写本的发现而得以解决。居今日而谈古籍整理，必须留意古代文献传承中写本文献这一原本缺失的环节，必须对敦煌吐鲁番等文献中保存的古写本给予足够的重视。

比如《老子》的成书一直是学者们关注的重点。上个世纪先后发现了马王堆汉墓帛书甲、乙本，郭店楚简本，这些古本《老子》与今本差别很大。如今本前为《道经》、后为《德经》，全书分八十一章，但帛书本则《德经》在前，《道经》在后，基本不分章，所以论者或以为从帛书本到今本之间似乎存在"文本递嬗变化上的断裂"，"其间当有一段文本演变的历程需要走过"⑭。而敦煌文献中有《老子》写本凡91号（其中白文本58号，注疏本33号，可缀合为61件），大多按《道经》《德经》的顺序分篇，并以空格或另段提行书写的形式区分章节，已具备今传通行本八十一章的分章体系，只是未标明章名章次⑮。通过敦煌写本，古本《老子》和今本《老子》之间就架起了一座桥梁，原来"断裂"的一环便失而复得了。

（二）写本文献保存了大批世无传本的佚典

写本文献中既有传世古籍较早的抄本，也有大批世无传本的佚典。不少以往仅在书目或传说中有记载的古书我们在写本文献中找到了传本。如西晋道士王浮撰《老子化胡经》，是反映当时道教与佛教斗争的重要资料，唐高宗、唐中宗都曾下令禁止，后又列元世祖下令焚毁的《道藏》伪经之首，从此亡佚，而敦煌文献中却有该书的6个写卷，我们可藉以窥知原书的基本面貌。

又如晚唐韦庄《秦妇吟》诗（图8），为现存唐诗第一巨制，借一个少妇之口，描绘了黄巢农民起义惊心动魄的历史画面，结构恢宏，描写生动，是当时家喻户晓、风靡一时的名篇，韦庄也因此被称为"《秦妇吟》秀才"，但不久以后该诗却突然失传了；值得庆幸的是，人们在敦煌文献中发现了九个《秦妇吟》写本，其中唐天复五年（905）敦煌金光明寺学仕郎张龟写本，距韦庄创作此诗的中和癸卯（883）仅隔22年。

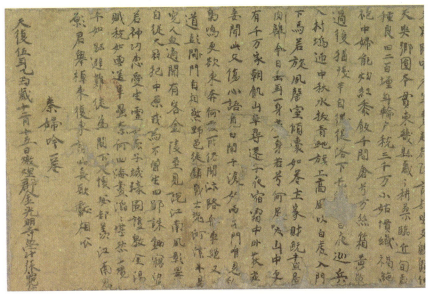

图8　伯3381号唐天复五年（905）《秦妇吟》写卷

又如《佛说孝顺子修行成佛经》，隋《众经目录》判定为"伪经"，历代经录因之，故未被历代大藏经收载，世无传本，而俄敦

2142＋俄敦3815号、北敦4264号（北8300；玉64）为该经残卷，三号拼接，虽前部略有残缺，而后面大半可得其全。

此外如历代藏经中没有收录的佛教佚典《佛说父母恩重经》，最早的词集《云谣集》，失传已久的古代讲唱文学作品"变文"，白话诗集《王梵志诗集》，中国古代保存至今的最早的一部女诗人诗歌选集《瑶池新咏集》，中国现存的第一部完整的字样学著作《正名要录》，世界上现存年代最早、星数最多的《星图》，等等，都在敦煌写本文献中得到了保存，一线孤悬，殊可宝贵。

（三）写本文献在很大程度上改写了中国的学术史

20世纪初叶以来，大量写本文献的发现，对中国学术文化研究的影响是空前的，中国古代的学术史不得不因之而重新改写。早在上个世纪20年代，胡适在谈到敦煌的俗文学时曾经这样说过："在敦煌的书洞里，有许多唐、五代、北宋的俗文学作品。从那些僧寺的'五更转''十二时'，我们可以知道'填词'的来源。从那些'季布''秋胡'的故事，我们可以知道小说的来源；从那些'《维摩诘》唱文'，我们可以知道弹词的来源。"⑯稍晚一些，郑振铎在谈到敦煌变文写本的学术价值时说："在敦煌所发现的许多重要的中国文书里，最重要的要算是'变文'了。在'变文'没有发现以前，我们简直不知道：'平话'怎么会突然在宋代产生出来？'诸宫调'的来历是怎样的？盛行于明、清二代的宝卷、弹词及鼓词，到底是近代的产物呢？还是'古已有之'的？许多文学史上的重要问题，都成为疑案而难于有确定的回答。但自从三十年前斯坦因把敦煌宝库打开了而发现了变文的一种文体之后，一切的疑问，我们才渐渐的可以得到解决了。我们才在古代文学与近代文学之间得到了一个连锁。我们才知道宋元话本和六朝小说及唐代传奇之间并没有什么因果关系。我们才明白许多千余年来支配着民间思想的宝卷、鼓词、弹词一类的读物，其来历原是这样的。这个发现使我们对于中国文学史的探讨，面目为之一新。这关系是异常的重大。……'变文'的发现，却不仅是发现了许多伟大的名著，同时，也替近代文学史解决了许多难以解决的问题。这便是近十余年来，我们为什么那样的重视'变文'的发现的原因。"⑰胡适、郑振铎当年所见仅仅是敦煌写本的一小部分，他们牵涉到的也仅仅是其中的"变文""五更转""十二时"等俗文学写本一类，然而对文学史的研究，这小小的一部分影响就有如此之大，那么，所有敦煌写本乃至其他写本文献的学术价值之巨，恐怕我们无论如何估计都不会过分。

（四）写本文献推动了一批新学问的诞生

前引王国维《最近二三十年中中国新发现之学问》一文云："有孔子壁中书出，而后有汉以来古文家之学；有赵宋古器出，而后有宋以来古器物、古文字之学。"王氏因而指出："古来新学问起，大都由于新发现。"近一个多世纪以来写本文献的发现和刊布，同样催生了一批新的学问。诸如吐鲁番学、敦煌学、徽学等等，都是在相关文献资料发现的基础上形成和发展起来的。又如写本文献是魏晋以来各种字体积存的大宝库，是异体俗字的渊薮，为我们提供了丰富的近代汉字字形资料，有力地推动了俗文字学、近代汉字学等新学问的诞生。又如吐鲁番文书，敦煌文献中的变文、曲子词、王梵志诗以及愿文、契约等社会经济文书，宋元契约文书，大抵以当时当地的口语方言为主体，包含着大量的方俗语词，是近代汉语语料的渊薮，为汉语的研究注入了新的活力，孕育并推动了近代汉语、俗语词研究等一些新兴学科的诞生和发展。

新发现催生新学问，写本文献相关新学问的诞生，再次验证了王国维上述论断的无比正确。

结　语

通过以上简要的介绍，我们可以知道，从东汉以至民国，写本文献源远流长，传承有绪，无论是数量还是内容，都足以与刻本文献相比肩，它们已经或将继续改写中国学术文化的历史。写本文献在形制、内容、字词、校读符号等许多方面都有着与刻本文献不同的特点，值得作为专门之学进行研究。但由于我国传世的古书主要是宋代以后的刻本，有关古书的学问也多以刻本为中心生发展开。面对20世纪初叶以来突然冒出来的大批写本文献，人们在兴奋忙乱之余，还来不及对它们的风格、特点进行系统全面的研究，仍习惯于用刻本的特点去看待它们，因而整理和研究不免有所隔阂和误解。所以了解和认清写本文献的写本特点，掌握写本文献的书写特例，便成了校理研究写本文献的最基础一环，创建一门写本文献学（区别于以刻本为中心的版本学）也就成了当务之急。

2011年2月，以裘锡圭先生为首席专家的国家新闻出版重大科技工程"中华字库"工程正式启动，笔者承担了该工程的第9包"手写纸本文献用字的搜集与整理"，我们当初为"手写纸本文献"下的定义是：

手写纸本文献主要是指吐鲁番文书、敦煌文献、黑水城文献、宋元以来的契约文书、明清档案等为代表的古代手抄的纸本文献。书写时间自魏晋以迄明清，承前启后，属于近代汉字发展与成熟时期。写本文献数量浩繁，内容广博，抄手来自不同社会阶层，能反映当时社会用字的整体面貌，是异体俗字积存的大宝库。

这里讲的"手写纸本文献"相当于本文所说的写本文献，这样的一个界定涵盖了写本文献的核心部分，我们认为是比较稳妥的。而且这些文献绝大部分近年来都已刊布，从而为写本文献学的诞生做好了资料上的准备。笔者前几年撰作的《敦煌写本文献学》[18]，可谓写本文献学理论体系建设的一个初步尝试。由此而言，创建一门全新的写本文献学，不但有其必要，而且时机也确已成熟。让我们一起为这门新学问的诞生添砖加瓦，存亡接续，让中华文明传承原本依托难明的一段重放异彩！

（作者系浙江大学文科资深教授）

注　释

①《后汉书·蔡伦传》，北京：中华书局，1965年，第2513页。下同。

②《太平御览》卷六〇五，北京：中华书局，1985年，第2724页。

③[日]池田温：《敦煌文书的世界》，张铭心、郝轶君译，中华书局，2007年，第189页。

④参看钱存训《书于竹帛：中国古代的文字记录》，上海：上海书店出版社，2006年，第106—108页。

⑤[朝鲜]郑麟趾：《高丽史》卷一〇，明景泰二年朝鲜活字本，第23—25页。参屈万里《元祐六年宋朝向高丽求佚书的问题》，《屈万里先生全集》第17册，台北：联经出版事业公司，1985年，第1191—1203页。

⑥[宋]陆游：《渭南文集》卷二七《跋说苑》："李德刍云：'馆中《说苑》二十卷，而阙《反质》一卷，曾巩乃分《修文》为上、下，以足二十卷。后高丽进一卷，遂足。'"

⑦王利器：《敦煌唐写本〈说苑·反质〉篇残卷校记跋尾》，《当代学者自选文

库：王利器卷》，合肥：安徽教育出版社，1999年，第121—123页；赵万里《唐写本〈说苑·反质篇〉读后记》，《赵万里文集》第二卷，北京：国家图书馆出版社，2012年，第404—407页。

⑧《演繁露》，张元济辑《续古逸丛书·子部》影印宋本，南京：江苏古籍出版社，2001年，第621页。

⑨《云麓漫钞》，北京：中华书局，1996年，第49页。

⑩参看李际宁《佛经版本》，南京：江苏古籍出版社，2002年，第34—40页。

⑪《王国维全集》卷十四，杭州：浙江教育出版社，2009年，第239页。

⑫《敦煌文书的世界》，第190页。

⑬裘锡圭：《阅读古籍要重视考古资料》，《裘锡圭学术文集》，上海：复旦大学出版社，2012年，第4卷第407页。

⑭丁四新：《郭店楚墓竹简思想研究》，北京：东方出版社，2000年，第40页；又见《从简、帛、通行本比较的角度论〈老子〉文本演变的观念、过程和规律》，《玄圃畜艾——丁四新学术论文选集》，北京：中华书局，2009年，第98页。

⑮参看朱大星《敦煌本〈老子〉研究》，北京：中华书局，2007年，第31、336页。近年发现的西汉竹书本《老子》仍然《德经》在前，《道经》在后（原书以上经、下经名篇），同帛书本；但每章均另行，且章首有圆形墨点分章符号，可见敦煌本的分章渊源有自。参看韩巍《北京大学藏西汉竹书本〈老子〉的文献学价值》，《中国哲学史》2010年第4期，第16—20页。

⑯胡适：《海外读书杂记》，《胡适文存三集》，上海：亚东图书馆，1930年，第537页。

⑰《中国俗文学史》，上海：商务印书馆，1938年，上册第180—181页。

⑱甘肃教育出版社2013年出版。

大力发掘传世古文字资料的时代价值

李春桃

　　提到古文字，大家首先想到的就是甲骨文、金文、简帛等地下出土的材料。事实上也存在传世古文字资料，学术界一般称之为传抄古文。相对比较，由于传抄古文讹变得十分严重，所以更难识别，往往被误认成女书、水书、女真文字。

　　传世古文字保存在哪些材料中？风格与出土古文字有何区别？其自身价值又如何？本文便试着讨论以上问题，并从学习认知、科学研究、艺术创作、未来发展等多个角度来介绍传世古文字材料。

　　秦始皇统一六国后书同文字，其他六国文字遂废而不行，所以秦汉时期主要的通行文字是秦篆和隶书。除此之外，汉代还出现了一批以孔壁竹书为代表的古文经书，它们都以六国文字写成，这些文字形体经过人们辗转摹写而得以流传，并被保存至今，成为传世古文字资料，学术界称之为传抄古文，或简称古文。按照形体的书写形式划分，古文可分为篆体古文和隶定古文。篆体古文即篆书形式的古文形

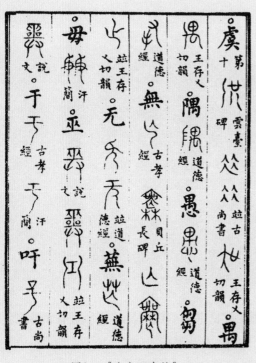

图1　《古文四声韵》

图2　三体石经

体；而隶定古文是指用隶书或楷书的笔法来书写篆体古文而产生的形体。前者主要保存在《说文》、三体石经、《汗简》《集篆古文韵海》《订正六书通》以及一些碑刻材料中；后者则见于《玉篇》《广韵》《集韵》《一切经音义》《龙龛手镜》等字书中，部分先秦两汉典籍的注疏中也存在一些隶定古文。《古文四声韵》一书则既收录大量的篆体古文，也包含一定量的隶定古文。

我们今天见到的古文字材料可以分为两种：一种是地下出土的古文字资料，另一种是世代相传保存至今的传抄古文。这两种材料各有其特点和价值。作为地上的古文字材料，传抄古文历经两千余年，绵延不绝，主要是经过历代人们的摹写、传抄才得以保存下来。其自身特点从称谓便可看出。"传抄"是指经过不同时代不同人的辗转摹写，这样就导致了文字形体讹变严重，不易辨识，这是就文字的保存方式而言。"古文"从狭义的角度讲，特指战国时期东方六国文字，是说传世古文资料主要来自战国时期秦国以外的其他国家，这是就文字性质而言。在20世纪以前，战国文字研究进展缓慢，导致人们无法意识到传抄古文的重要性，而新中国成立以来，随着战国文字资料的大量出土，尤其是近年来大批有字竹简的相继出现，很多出土文字与古文相合，古文的价值也因此凸显出来。事实上，古文对于学术研究、艺术创作都有着重要的意义。

古文材料与学术研究

传抄古文的学术价值十分突出。对于出土文献而言，古文的作用是简明而直接的。王国维曾提出著名的"二重证据法"，即把考古发现的新材料与古籍记载相互结合以考证古史。而传抄古文记录的是古文字形体，正可以之与地下出土古文字资料相互印证，这对于识别出土古文字是行之有效的方法，学者利用古文考释疑难古文字形体的例子屡见不鲜。李家浩先生考释战国竹简中的"关"字、吴振武先生考释陈曼瑚中的"逐"字，他们使用的最重要的证据之一就是传抄古文形体，这些观点现在已被反复证明是正确无误的。古文形体的学术价值可见一斑。

传抄古文也会促进传世文献研究。很多古文的出处便是传世典籍，如三体石经古文出自《春秋》《尚书》，《汗简》等书采录的文献达数十种。古文对于研究典籍中字词训诂、文字讹误、通假现象等均有重要意义。古文资料对于历史研究也颇具价值。很多以古文刻写的碑铭本身便是难得的史料，如蔡氏古文墓志、陕州东海碑、黄季春墓志、范氏墓群所出古文砖铭等材料，篇幅较长，记载了很多重要史实。

当然，传抄古文的价值并非一直都被认可，恰恰相反，古文形体因屡经摹写而发生讹变，以致早期学者往往忽略其价值，尤其是较晚出现的《汗简》《古文四声韵》，清代著名学者钱大昕谈及二书时云"愚固未敢深信也"，就连专门注疏《汗简》的郑珍也是以说明该书为"大抵好奇之辈影附诡托"为出发点。后来出土的古文字资料日益增多，这种情况得到改善，王国维最早提出"秦用籀文、六国用古文"的观点，指出古文与战国文字为"一家之眷属"。其说可谓破疑除惑，发前人未发之覆。

近年来已经涌现出一批古文研究著述。石经古文方面，中国台湾学者邱德修先生《魏石经古文释形考述》辨析考证石经古文形体；赵立伟先生《魏三体石经古文辑证》以表格形式将石经古文与古文字进行了比对。张富海先生《汉人所谓古文研究》讨论了《说文》、石经古文形体，并纳入了部分汉人注疏中的古文。《汗简》《古文四声韵》

的价值在这时也凸显出来，学者开始重视二书。如黄锡全先生《汗简注释》，利用古文字材料考证《汗简》字形；王丹先生《〈汗简〉〈古文四声韵〉新证》，吸收了近年出土简帛资料，对此二书中部分形体进行了梳理。从特定角度研究古文的著述也陆续出现。徐在国先生《隶定古文疏证》对传世字书中的隶定古文予以整理；徐刚先生《古文源流考》从文献源流方面研究古文。徐在国先生《传抄古文字编》是目前收录古文形体较为详备的字编类工具书。李春桃《古文异体关系整理与研究》收录、整理了具有异体关系的古文资料。李春桃《传抄古文综合研究》则对古文的价值、版本、时代、国别、形体特点、考释方法以及存在的问题进行了综合性讨论，以期建立一套古文研究的理论体系。学界还有很多研究古文的单篇文章，限于篇幅，此不赘述。

古文材料与艺术创作

除了作为研究资料外，传抄古文也是重要的艺术创作素材。《尚书正义》："科斗书，古文也……形多头粗尾细，状腹团圆，似水虫之科斗，故曰科斗也。"此说对古文笔画特征的描述是比较贴切的。从形体上看，古文笔画头粗尾细，形体圆润婉转，线条活泼流畅，十分适合书法创作。

据典籍记载，较早擅长书写古文的是东汉末期的邯郸淳、卫觊、张揖等人，更有学者怀疑三体石经便出自他们之手。唐代对书法极为重视，教学机构中曾专门设立古文课程。《新唐书·选举志上》说："凡书学，石经三体限三岁，《说文》两岁，《字林》一岁。""石经三体"即三体石经。唐代较为著名的古文书家如瞿令问，其分别以古文、篆文、隶书书写阳华岩铭；又专以古文书写峿尊铭，元结赞其

"艺兼篆籀";瞿中溶谓之"篆学之精深，实于唐宋诸儒中卓然可称者"。同时期的卫密、董咸等人对古文笔法亦有专攻，且技艺精湛。宋代崇尚复古，伴随着金石学的兴起，古文资料也倍受重视。郭忠恕、夏竦不但辑录古文成书，而且擅长篆写，如前者所篆三体阴符经中便包括古文，此碑流传至今，现存于西安碑林，属稀见珍品。同一时期的梦英、陈恬、孟孝孙也皆有古文作品传世。金代著名书家党怀英也擅长古文，现存的王安石古文诗刻便出自其手，《金史》本传云"怀英能属文，工篆籀"，所言不虚。金、元时期的古文往往见于道教、佛教、府学所刊立的碑石之上（多是额铭），这说明当时古文多用于与宗教、教育密切相关的庄重场所。明、清时期，古文碑刻材料也偶有出现，如黄道周所书其父黄季春墓志、许穆所书陟州东海碑等，但数量上较宋、元时期明显不及。

除了碑刻材料外，艺术作品中大宗的古文材料便属印章了。古文入印现象较早从唐代开始，如流传至今的"敦实"古文铜印据说便属于唐代。宋代之后，古文印章有所增多，不但存在传世品，考古发掘中亦时有发现。如陕西旬阳县宋代窖藏出有"为善最乐"古文铜印一方，此与毓庆宫旧藏一枚印章印文相同。金代也有古文印章发现，如道士阎德源墓出土一漆方盒，盒中装有五枚牛角印章，其中四枚以古文刻写。元明以后，尤其是清代，古文印章开始大量涌现。究其原因，一方面，元代前后的印章材质有所改变，石料逐渐成为治印主材，其不但便于操作，且极为易得。另一方面，文人自主意识逐渐觉醒，猎奇嗜古最能激发人的审美情趣，古文恰好符合这一需要。据我们查检，这一时期见于各个印谱及书画作品的古文印数量有数千枚之多。清代后期直至民国，古文印章开始衰落，数量逐渐减少。

图3 阳华岩铭(局部)

图4 唐代宰相杨绾古文墓志盖铭

目前存在的问题

在众多字体中，古文圆润奇古，生动华美，不仅能体现出独特的审美个性，还可彰显作者的学养与水平，所以颇受文人青睐。同时也应注意到，古文屡经摹写，以致形体古奥奇异，不易释读。所以今人在见到古文作品时，往往无法做到正确的识别、理解。如山东高唐县出土的金代虞寅古文墓志盖铭，原整理者不识，误将古文当成女真文字，后来胡平生先生《金代虞寅墓志的"古文"盖文》予以纠正；重庆酉阳曾发现两本线装古书，古书文字与现在通行的文字不同，形体怪异。有的学者怀疑其是苗族文字，有的则认为与女书、水书相关。其实，这两部书的文字只不过是用楷书笔法书写的传抄古文而已，属于隶定古文；山东章丘市文祖镇龙泉庵前存有一副古文石刻楹联，学者不识，或误认成道教文字，我们也曾予以纠正。

上面是就文字性质而论，从文字的释读层面来说，存在的错误就更多了。不但一般人容易致误，就连专业学者有时也会误释。如魏闲墓志盖铭以古文篆写，铭文云："大宋故清逸处士🔲君墓志铭。"铭文中🔲形，《北京图书馆藏中国历代石刻拓本汇编》一书释成"香"，并将此墓志盖命名成"香君墓志盖"。按，大概是因铭文与"香"字写法近似，故有此释。其实此说完全不可信，传抄古文中"魏"字作🔲、🔲，写法与盖铭相近，可隶定作"香"。"香"从山，禾声；而"魏"从委得声，"委"从禾得声。所以"香"、"魏"基本声符相同，音近可通。此墓志现藏于山西省平陆县文化馆，再结合墓志全文来看，此为宋代文人魏闲的墓志，所以🔲形为"魏"字，应无异议。《北京图书馆藏中国历代石刻拓本汇编》一书向来以编写精良著称，但毕竟成自众人之手，偶有疏误也在情理之中。而专门研究宋代篆文变易现象的几位学者也将此志称作"香君墓志"，误从释"香"说，似乎就显得有些疏忽了。

图5　虞寅古文墓志盖铭　　　　　图6　重庆酉阳所见古书

古文印章亦属于传抄古文材料的重要组成部分。由于印章文字与常见的小篆区别明显，所以人们给出的释文更是错误迭出，有时名家、名谱亦不免有误。如汪启淑所辑《飞鸿堂印谱》，堪称精良，被后人誉为"至美之三堂印谱"之一。汪氏本人又是篆刻名家，但是该印谱收录古文印所附释文亦有错误。如其收录了一枚黄吕所刻的古文印，印文参图8，笔画头粗尾细，属于典型的古文写法。印谱所附释文作"痛知音之谁与"。印文前四字与小篆写法接近，容易辨识，所释不误。而第五、六两字释成"谁与"是不正确的。《古文四声韵》中"难"字古文作𦆚，"遇"字古文作𥄎，后者为"禺"字，在古文中假借为"遇"。这两个形体与印文中最后两个字完全相同，可见印文当释作"痛知音之难遇"。以文例观之，旧释"痛知音之谁与"显然不及改释后"痛知音之难遇"通顺，且新释有典籍用例可循。曹丕《与吴质书》："昔伯牙绝弦于钟期，仲尼覆醢于子路，痛知音之难遇，伤门人之莫逮。"印文内容当出自此处。

上面谈到了研究中存在对古文不够重视的现象。其实艺术创作上也是如此。古人很重视古文的艺术价值，古人的石刻、墓志、铜器、书画、印章等很多艺术作品中都大量使用了传抄古文形体。而我们今天的书法、篆刻艺术几乎看不见传抄古文的影子。篆书、草书、隶书、楷书都是书法家及爱好者专攻的书体，但是目前的书法界几乎

图7　魏闳古文墓志盖铭

图8　《飞鸿堂印谱》所收古文印

找不到擅长传抄古文的书法创作者和爱好者。篆刻界也是如此，古文字、小篆、隶书等入印都是常见现象，较为繁缛的鸟虫书，都有篆刻者专门使用，而艺术性极强的传抄古文形体则很少出现在印文上，这是需要改进的地方。

反思以上种种，学者以及文人之所以有时会忽视传抄古文材料，主要有两方面的原因。一是古文形体较为奇特，与一般常见的小篆等文字差异明显，不易辨识，在认识和使用上都有一定难度，这便导致人们对古文材料的认识不足。另一个原因是从事传抄古文研究的学者过少，致使这一方向普及性不强。2016年习近平总书记在哲学社会科学工作座谈会上讲话指出："要重视发展具有重要文化价值和传承意义的'绝学'、冷门学科。这些学科看上去同现实距离较远，但养兵千日、用兵一时，需要时也要拿得出来、用得上。还有一些学科事关文化传承的问题，如甲骨文等古文字研究等，要重视这些学科，确保有人做、有传承。"古文字学本身就属于冷门学科，而传抄古文在古文字学中又属于冷门方向，很少有人愿意选择这一方向展开研究。随着近年来国家的重视与提倡，古文字研究者逐渐增多，已经开始向着繁荣的方向发展。而传抄古文的研究者，并没有明显的增加。其实，大家在重视出土古文字资料的同时，也应充分意识到传世古文字资料的价值，多从事此方向的工作，从而推进学术研究的进展，并加强该领域的普及化与大众化。所以，我们对传抄古文材料的认识、了解还应进一步加强。

古文材料值得深入挖掘

总体来看，对古文材料的研究与利用还可更加深入。首先，从研究主体看，应当有更多的人参与到古文研究与使用当中。只有研究者增加了，疑难问题才会被逐渐解决，古文资料才会更加普及。我们看到近年来已有很多学生愿意选择传抄古文作为自己硕士或博士论文选题，并以此为研究对象，这是值得鼓励的。其次，从研究方式上看，应该建设古文电子资料库。科技的进步促进研究方法的更新，利用大数据、云平台建立资料库对于古典文献研究已是大势所趋。出土古文字资料如甲骨文的资料库建设已在进行之中。同样道理，也应建立传抄古文资料库，如此才能最大限度地发挥出材料自身的价值。再次，从研究范围上看，需对印章等散见的古文材料进行搜集、研究。大宗古文材料如《汗简》《古文四声韵》等已有很多学者关注，古文碑刻的整理与研究工作我们已经完成，会很快出版，但古文印章等材料目前还缺少集中的搜集与研究，这项工作是对以往的总结，其有助于了解古代的社会风气、文化现象、文人心理等，同时也可为今人治印提供借鉴。最后，从艺术创作上看，应该更加重视古文材料。古代的石刻、铜器、玺印、书画等艺术创作，都大量使用古文，其艺术效果独特鲜明；而现今的书画、玺印作品中很少能见到古文。任重道远，我们有责任将祖国的优秀文化传统继承并发扬光大。

古文字是中国传统文化的基因与载体。近年来，国家提倡保护和发展具有重要文化价值和传承意义的"绝学"，并重点强调发展古文字等"冷门"学科。这既肯定了传统文化的价值，也给予学界莫大的鼓励。在如此良好的环境下，我们应当充分了解、认识并利用传世古文字资料，尽量吸收它的学术养分，极力发掘它的艺术内涵，使其能为弘扬优秀传统文化、增强文化自信发挥力量。

（作者系国家社科基金项目"传抄古文整理与研究"负责人，吉林大学教授）